Religia geto-dacilor
Miturile antice și Miturile moderne

Viorel Moraru

Ediție nouă

Ediții anterioare 2018-2020.

Copyright © 2021 Viorel Moraru

moraruviorel83@gmail.com

www.viorel-moraru.com

Viorel Moraru, născut la 7 februarie 1983 în Moreni, judeţul Dâmboviţa, este licenţiat şi master în istorie la Universitatea Valahia din Târgovişte, redactor şi ilustrator. Pasionat de obiecte vechi, benzi desenate, cinematografie, este un avid cititor, iubitor de artă şi mitologie.

De acelaşi autor:
Mit şi Religie în Dacia, Editura Ler, Dragodana, 2021;
Balada lui Brâncoveanu (bandă desenată), Editura Ler, Târgovişte, 2019;
Bobo şi Emilia, Editura Ler, Târgovişte, 2019.

Ilustrator:
Carnavalul din pădure, Editura Ler, Dragodana, 2021 (împreună cu Irina Întorcătoru).

Creator webcomic:
Codex Dracula (2017).

Cuprins

Introducere

Pasiunea pentru religie şi mituri, fascinaţia pentru nenumăratele „chipuri" ale lui Zalmoxis şi curiozitatea de a afla de ce istoricii nu au ajuns la un punct de vedere comun cu privire la credinţele religioase ale geţilor şi ale dacilor, au contat foarte mult în luarea deciziei de a analiza sursele primare şi teoriile moderne legate de spiritualitatea strămoşilor istorici ai poporului român.

Scopul principal în elaborarea lucrării a fost să urmăresc evoluţia ipotezelor despre natura, numărul şi numele zeilor care populau panteonul tracilor nordici şi să refac drumul parcurs de Zalmoxis în literatura antică şi modernă.

Lucrarea este structurată în patru capitole, în **primul** am prezentat izvoarele literare antice de la Istoriile lui Herodot până la Lexiconul Suidas. În aceste surse ne sunt dezvăluite detalii despre nemurirea oferită geţilor de zeul Zalmoxis. Ne este relatată şi o a doua versiune a poveştii, unde, Zalmoxis este prezentat ca fiind om, fost sclav al lui Pitagora, care printr-un vicleşug îşi păcăleşte compatrioţii să-l divinizeze.

În **capitolul al II-lea** am expus miturile antice vehiculate despre Zalmoxis, majoritatea autorilor clasici care au abordat acest subiect îl prezintă pe acesta drept sclav, slujitor sau discipol al lui Pitagora, predicator al doctrinei despre nemurire printre „barbarii" geţi, sciţi sau chiar celţi. Ipostazele sub care ne apare personajul central al religiei geto-dacilor sunt fascinante, o să-l întâlnim sub înfăţişarea de om, zeu, rege, vindecător, daimon, profet, şarlatan, cititor în stele etc...

În **capitolul al III-lea** am realizat o expunere a opiniilor şi interpretărilor autorilor moderni, aceasta are ca obiectiv stabilirea paternităţii ideilor şi observarea aportului pe care la adus fiecare erudit. Demersul este util pentru a urmării evoluţia noilor studii despre credinţele şi ritualurile tracilor nordici.

În **ultimul capitol** al lucrării am redat înverşunatele dezbateri dintre erudiţii secolelor al XIX-lea şi al XX-lea.

Polemica va începe cu teoriile savanților străini, apoi se va muta în România, unde în 1926, Vasile Pârvan va publica monumentala operă Getica. O protoistorie a Daciei. Discuțiile vor continua cu teza lui Ion Iosif Russu despre un Zamolxis/Zalmoxis – zeu al pământului, și vor atinge apogeul în 1970, când, la Paris, Mircea Eliade publică monografia De la Zalmoxis la Genghis-Han, în care propune pentru Zalmoxis o teză legată de culte misterioase la care au acces doar inițiații.

Pe parcursul acestui ultim capitol, pe lângă Zalmoxis/Zamolxis, vor fi aduse în discuție nume ca Gebeleizis și Deceneu, plus o sumedenie de teorii care la vremea lor au dominat discursul academic.

Vor fi folosite prescurtările:
a.Chr. (lat. ante Christum – „înainte de Hristos”) și p.Chr. (lat. post Christum – „după Hristos”).

Capitolul 1

IZVOARE ISTORICE

Odată cu răspândirea scrisului, în estul Mediteranei a apărut un nou tip de narațiune, este vorba de relatarea evenimentelor bazată pe investigație și mărturii, această investigație va purta numele de *Istorie*.

Începând cu secolul VI a.Chr., oamenii învățați aveau drept *moto*: „Caut să cunosc, să relatez în scris ceea ce am cunoscut"[1], astfel, vechile povești aveau să fie concurate de realități curente care se bazau pe mărturii directe venite din gura martorilor oculari (navigatori, soldați, călători). Aceste relatări devin izvoarele de informații după care, noi cei de azi, încercăm să recreăm lumea văzută de ochii oamenilor din vechime.

Sursa informației poartă denumirea de izvor istoric. Pentru antichitate, una din cele mai valoroase surse este Herodot, acesta nu este un simplu personaj istoric, el este creatorul ei, el este *Pater historiae,* cum l-a numit Cicero, este părintele fondator al unei discipline, al cărei aparat critic inexistent la vremea respectivă a fost inteligent substituit de prezentarea în paralel a multiplelor variante asupra aceleiași întâmplări. Urmaș al lui Herodot va fi Tucidide, supranumit „părintele istoriei științifice", deoarece metoda lui se baza pe aplicarea unei riguroase selecții în culegerea și relatarea informațiilor[2].

Și acum să ne însușim mostre din cunoașterea cărturarilor greco-romani, datorită lor, frânturi din vremurile de demult nu au murit, au rămas vii pe papirus, pergament și hârtie.

Cea mai veche știre cu privire la credințele religioase ale geților aparține lui **Herodot**, acesta s-a născut în jurul

---

[1] Mircea Petrescu-Dîmbovița, Alexandru Vulpe (coordonatori), *Istoria Românilor*, Vol. 1, Editura Enciclopedică, București, 2010, p. 401
[2] *Ibidem*, p. 402

anului 484 a.Chr. în cetatea doriană Halikarnassos (azi Bodrum, Turcia). A întreprins numeroase călătorii, peregrinările sale l-au purtat din Nordul Africii (Egipt) şi Orientul Apropiat (Persia), până la Bosforul cimerian[3] (strâmtoarea Kerci – Crimeea). Informaţiile culese din ţinuturile pe care le-a vizitat s-au concretizat în opera *Istorii*, scrisă în IX cărţi. În cartea a IV-a, autorul prezintă expediţia împotriva sciţilor a regelui persan Darius (514-513 a.Chr.), prilej cu care ne sunt oferite primele informaţii despre geţii din Dobrogea şi despre religia lor:

> „Înainte de a ajunge la Istru, [Darius] biruii mai întâi pe geţi, care se cred nemuritori."[4]
>
> „Iată cum se cred nemuritori geţii: ei cred că nu mor şi că cel care dispare din lumea noastră se duce la zeul Zalmoxis (după alte versiuni daimonul Salmoxis). Unii dintre ei îi mai spun şi Gebeleizis. Tot la al cincilea an ei trimit la Zalmoxis un sol, tras la sorţi, cu poruncă să-i facă cunoscute lucrurile de care, de fiecare dată, au nevoie. Iată cum îl trimit pe sol. Unii dintre ei primesc poruncă să ţină trei suliţe, iar alţii, apucând de mâini şi de picioare pe cel care urmează să fie trimis la Zalmoxis şi ridicându-l în sus, îl azvârle în suliţe. Dacă – străpuns de suliţe – acesta moare, geţii socot că zeul le este binevoitor. Iar dacă nu moare, aduc învinuiri solului, zicând că e un om ticălos şi, după învinuirile aduse, trimit un altul, căruia îi dau însărcinări încă fiind în viaţă. Aceiaşi traci, când tună şi fulgeră, trag cu săgeţile în sus, spre cer şi ameninţă divinitatea (care provoacă aceste fenomene), deoarece ei cred că nu există un alt zeu în afară de al lor."[5]
>
> „Aşa cum am aflat eu de la elenii care locuiesc pe ţărmurile Helespontului şi ale Pontului Euxin, Zalmoxis despre care vorbesc – fiind doar un muritor – a fost rob în Samos, şi anume al lui Pitagora, care era fiul lui Mnesarchos. După aceea, ajungând liber, strânse bogăţii

---

3 Vladimir Iliescu, Virgil C. Popescu, Gheorghe Ştefan (redactori), *Izvoare privind istoria României*, vol. I, Editura Academiei Republicii Populare România, Bucureşti, 1964, p. 24

4 Herodot, *Istorii*, IV, 93, apud Vladimir Iliescu, Virgil C. Popescu, Gheorghe Ştefan, *Op.cit.*, p. 47

5 *Ibidem*, 94, apud *Ibidem*, p. 49

mari şi, după ce se îmbogăţii se întoarse în patria lui. Întrucât tracii erau foarte nevoiaşi şi săraci cu duhul, Zalmoxis acesta – cunoscător al felului de viaţă ionian şi al unor deprinderi mai cumpănite decât cele trace, întrucât avusese legături cu grecii şi cu Pitagora, un însemnat gânditor al acestora – a clădit o casă pentru adunările bărbaţilor, în care [se spune] îi primea şi îi punea să benchetuiască pe fruntaşii ţării, învăţându-i că nici el, nici oaspeţii săi şi nici unul dintre urmaşii acestora nu vor muri, ci vor merge într-un anume loc unde vor avea parte de toate bunătăţile. În vreme ce săvârşea cele amintite şi spunea lucruri de felul acesta, el a poruncit să i se clădească o locuinţă subpământeană. Când a fost gata, [Zalmoxis] a dispărut din mijlocul tracilor şi, coborând în locuinţa lui de sub pământ, a trăit acolo vreme de trei ani. Tracii doreau mult să-l aibă, jelindu-l ca pe un mort. În al patrulea an, el le-a apărut şi, astfel, Zalmoxis făcu vrednice de crezare învăţăturile lui. Iată ce se povesteşte despre înfăptuirile lui."[6]
„În privinţa lui Zalmoxis şi a locuinţei sale subpământene nici eu nu resping cele spuse, dar nici nu le dau crezare prea mult; mi se pare, însă, că el a trăit cu mulţi ani înainte de Pitagora. Fie Zalmoxis om ori vreo divinitate de-a băştinaşilor, să ne mulţumim cu cele înfăţişate."[7]

Acesta este cel mai important şi mai complet text care face referire la credinţele religioase ale geţilor, din el aflăm că aproape de Dunăre, Darius şi armata lui îi întâlnesc pe „nemuritorii" geţi, aceştia îl au ca zeu pe Zalmoxis, căruia îi dedică sacrificii umane. Într-o altă versiune a poveştii, oferită autorului de grecii care locuiau pe ţărmurile Helespontului (Dardanele) şi ale Pontului Euxin (Marea Neagră), Zalmoxis, fost sclav al lui Pitagora din Samos, a strâns bogăţii mari şi s-a întors la geţi pentru a-i păcăli cu ajutorul obiceiurilor învăţate de la stăpânul său. În timpul ospeţelor le predica că nu vor muri, ci vor merge într-un loc unde vor avea parte numai de bunătăţi. Apoi, pentru ai

---

[6] Herodot, *Istorii*, IV, 95, apud Vladimir Iliescu, Virgil C. Popescu, Gheorghe Ştefan, *Op.cit.*, p. 49
[7] *Ibidem*, IV, 96, apud *Ibidem*, pp. 49-51

convinge pe naivii săi compatrioţi, a stat pitit într-o încăpere subterană vreme de trei ani, iar în al patrulea a reapărut; geţii, considerând că s-a întors din morţi, au dat crezare spuselor lui. Herodot nu critică vehement veridicitatea poveştii, dar afirmă că Zalmoxis ar fi trăit cu mult înaintea lui Pitagora.

Al doilea autor de la care avem referiri despre credinţele religioase ale geţilor este **Hellanicos**. Se cunosc puţine detalii despre viaţa istoricului din Mitilene (insula Lesbos, Grecia), se ştie că a fost contemporan cu Herodot. Din păcate, doar câteva fragmente s-au păstrat din toate scrierile sale. Pasajul despre Zalmoxis, din lucrarea pierdută ***Obiceiuri barbare***, ne este transmis de mai multe lexicoane bizantine:

> „[Zalmoxis] a fost un grec care a arătat geţilor din Tracia ritul iniţierii religioase. El le spunea că nici el şi nici cei din tovărăşia lui nu vor muri, ci vor avea parte de toate bunurile. În vreme ce spunea acestea şi-a construit o casă sub pământ, apoi – dispărând pe neaşteptate din ochii tracilor – a trăit într-însa. Iar geţii îi duceau dorul. În al patrulea an, a reapărut şi tracii credeau tot ce le spunea.
> Povestesc unii că Zalmoxis a fost sclav al lui Pitagora, fiul lui Mnesarchos din Samos. Eliberat, a născocit aceste lucruri. Dar mi se pare că Zalmoxis a trăit cu mult înaintea lui Pitagora. Cred în nemurire şi terizii şi crobizii. Ei spun că cei morţi pleacă la Zalmoxis şi că se vor reîntoarce. Din totdeauna ei au crezut că aceste lucruri sunt adevărate. Aduc jertfe şi benchetuiesc ca şi când mortul se va reîntoarce.”[8]

După spusele lui Hellanicos, „grecul” Zalmoxis este cel care a introdus iniţierile religioase la geţii din Tracia, urmează povestea înşelătoriei şi notiţa despre terizi şi crobizi, care, la fel ca geţii, şi ei cred că după ce mor se duc

---

[8] Hellanicos, *Obiceiuri barbare*, Fr. 73. PHOT. SUID. , apud Vladimir Iliescu, Virgil C. Popescu, Gheorghe Ştefan, *Op.cit.*, p. 21

la Zalmoxis. Textul atribuit lui Hellanicos se aseamănă destul de mult cu relatările lui Herodot.

Platon s-a născut într-o familie aristocrată, a trăit la Atena între anii 427-347 a.Chr., a întemeiat şcoala filosofică numită Academia, l-a avut ca maestru pe Socrate şi ca elev pe Aristotel. În opera ***Carmide/Charmides***, el ne oferă informaţii despre lumea greacă şi despre raporturile ei cu populaţiile negreceşti:

> „Tot aşa stau lucrurile, Carmide, şi cu acest descântec. Eu [Socrate] l-am învăţat acolo la oaste, de la un medic trac, unul din ucenicii lui Zalmoxis, despre care se zice că îi face pe oameni nemuritori. Spunea tracul acesta că [medicii] greci aveau dreptate să cuvânteze aşa cum v-am arătat adineauri, dar Zalmoxis, adăuga el, regele nostru care este zeu, ne spune."[9]
> „[...] că, după cum nu trebuie să încercăm a îngriji ochii fără să ţinem seama de cap, nici capul nu poate fi îngrijit neţinându-se seama de corp, tot astfel trebuie să-i dăm îngrijire trupului dimpreună cu sufletul şi iată pentru ce medicii greci nu se pricep la cele mai multe boli: [anume] pentru că ei nu cunosc întregul pe care-l au de îngrijit. Dacă acest întreg este bolnav, partea nu poate fi sănătoasă. Căci, zicea el, toate lucrurile bune şi rele – pentru corp şi pentru om în întregul său – vin de la suflet şi de acolo curg [ca dintr-un izvor] ca de la cap la ochi."[10]
> „Trebuie deci – mai ales şi în primul rând – să tămăduim izvorul răului, ca să se poată bucura de sănătate capul şi tot restul trupului. Prietene, zicea el, sufletul se vindecă cu descântece. Aceste descântece sunt vorbe frumoase, care fac să se nască în suflete înţelepciunea. Odată ivită aceasta şi dacă stăruie, este uşor să se bucure de sănătate şi capul şi trupul."[11]
> „Când mă învăţa leacul şi descântecele, spunea: Să nu te înduplece nimeni să-i tămăduieşti capul cu acest leac dacă nu-ţi încredinţează mai întâi sufletul, ca să i-l tămăduieşti cu ajutorul descânteculului. Iar acum – zicea

---

[9] Platon, *Carmide,* 156d, apud Vladimir Iliescu, Virgil C. Popescu, Gheorghe Ştefan, *Op.cit.*, p. 101
[10] *Ibidem*, 156e, apud *Ibidem, Loc.cit.*
[11] *Ibidem*, 157a, apud *Ibidem, Loc.cit.*

el – aceasta e cea mai mare greşeală a oamenilor ca unii medici să caute în chip deosebit o vindecare sau cealaltă [a sufletului şi a trupului]. Şi mă povăţuia foarte stăruitor să nu mă las înduplecat de nimeni – oricât de bogat, dintr-un neam ales sau oricât de frumos ar fi – să fac astfel."[12]

„Deci eu, pentru că i-am jurat şi sunt nevoit să-i dau ascultare, îi voi da într-adevăr ascultare. Şi dacă vrei – potrivit poveţelor străinului – să-mi încredinţezi mai întâi sufletul tău, pentru a-l vrăjii cu descântecele tracului, îţi voi da şi leacul pentru cap. Dacă nu, nu-ţi pot ajuta cu nimic, scumpe Carmide."[13]

În acest text cu interpretări numeroase, Platon prezintă un dialog în care Socrate este întrebat de un tânăr dacă ştie un leac pentru durerile de cap, acesta afirmă că are cunoştinţă despre un leac care are efect doar dacă este administrat împreună cu un descântec. Socrate spune că a învăţat descântecul de la un medic trac, unul dintre discipolii lui Zalmoxis, care este rege şi zeu, şi care afirmă că mai întâi trebuie vindecat sufletul, pentru a se putea bucura de sănătate trupul. Ştiind că nu trebuie să separe vindecarea trupului de cea a sufletului, Socrate îşi propune să aline suferinţa tânărului folosind un descântec ca să tămăduiască „izvorul răului" şi o licoare pentru durerile de cap.

Pasajul va deveni destul de faimos, va fi invocat de fiecare dată când vor fi aduse în discuţie calităţile de vindecător ale lui Zalmoxis, despre care se va afirma că prin incantaţii specifice vracilor şi şamanilor[14] asigură geţilor nemurirea. De asemenea, a fost invocat faptul că geţii aveau o medicină celebră în toată lumea antică.

---

[12] Platon, *Carmide*, 157b, apud Vladimir Iliescu, Virgil C. Popescu, Gheorghe Ştefan, *Op.cit.*, p. 101

[13] *Ibidem,* 157c, apud *Ibidem,* p. 103

[14] Şamanul este un vraci care intră în transă pentru a dialoga cu spiritele din „lumea de dincolo"; are calitatea de vindecător şi mediator între zei şi oameni.

Zoe Petre este de părere că medicul trac de la care Socrate învață descântecul este un personaj imaginar, creat de Platon[15].

Mnaseas, geograf originar din Patara (azi Antalia, Turcia), a fost discipolul lui Eratostene, a trăit între cca. 276-195 a.Chr. Din opera lui s-au păstrat doar câteva fragmente, dintr-un astfel de fragment (care a fost conservat în lexiconul lui Photios, un vechi patriarh al Constantinopolului) aflăm că:

Fr. 23. „geții cinstesc pe Cronos, numindu-l Zalmoxis”.

Mnaseas îl identifică pe Zalmoxis cu Cronos, titanul, fiu al Cerului (Uranus) și al Pământului (Gaia), tată al zeilor Olimpului, reprezentat în arta greacă stând pe tron cu o seceră în mână.

Deseori se face confuzie între Cronos și *Chronos* (timpul); după altă interpretare, nu există nici o confuzie, deoarece Cronos – titanul, detronat de fiul său, Zeus, devine Chronos – personificare a timpului. Secera lui, armă brutală, este preschimbată în pendulul cu care măsoară clipele zeilor, muritorilor și timpul ce i-a mai rămas până când își va relua tronul. Romanii îl venerau sub numele de Saturn, celebrau în cinstea lui Saturnalia, una din cele mai mari sărbători și, nu în ultimul rând, o planetă poartă numele acestui titan[16] misterios.

Diodor din Sicilia s-a născut în secolul I a.Chr., a călătorit pentru a aduna informații vreme de trei decenii, marea sa operă, intitulată ***Biblioteca istorică,*** este formată din patruzeci de cărți, care cuprind istoria lumii de

---

[15] Zoe Petre, *Practica nemuririi*, Editura Polirom, Iași, 2004, p. 163

[16] Titanii sunt divinități pre-olimpice, douăsprezece la număr, fii și fiice ai Cerului și ai Pământului în mitologia greacă.

la începuturi până la războiul lui Cezar din Galia[17]. Diodor ne spune:

> „Într-adevăr, se povesteşte că la ariani, Zathrausthes (Zarathustra, Zoroastru) a făcut să se creadă că o bună zeitate i-a dat legile întocmite de el. La aşa-numiţii geţi, care îşi închipuie că sunt nemuritori, Zalmoxis pretindea că şi el a intrat în legătură cu zeiţa Hestia, zeitatea lor. Tot astfel la iudei, Moise spunea că legiuirea o datorează zeului lor, căreia i se spune Iahve (Iahwe, Iehova)."[18]

Diodor împărtăşeşte ideea că mulţi dintre zei au fost la origine oameni, aceştia au fost divinizaţi datorită faptelor ieşite din comun pe care le-au săvârşit. Autorul prezintă o listă de legislatori în care se regăseşte şi Zalmoxis, care afirma că a primit legile de la zeiţa Hestia (zeiţa focului sfânt la greci, romanii îi spuneau Vesta, iar sciţii Tabiti).

Vergiliu s-a născut în anul 70 a.Chr. (în nordul Italiei) şi a murit în anul 19 a.Chr. la Brundisium, în Calabria. *„Cel mai mare poet latin"*, în ***Eneida***, vorbind despre Eneas[19], ne spune:

> „Cu sufletul răscolit de multe gânduri mă rugam nimfelor câmpeneşti şi bătrânului Mars Gradivus, care ocroteşte ogoarele geţilor."[20]

Bătrânul Mars Gradivus nu este nimeni altul decât zeul războiului – Mars/Marte (romanii au denumit o planetă cu numele lui, o planetă roşie ca sângele). Grecii îi spuneau Ares (Bătălie), era poreclit „Cel teribil", „Distrugătorul de oameni".

---

[17] Vladimir Iliescu, Virgil C. Popescu, Gheorghe Ştefan, *Op.cit.* , p. 188

[18] Diodor din Sicilia, *Biblioteca istorică*, I, 94, 2, apud *Ibidem*, Loc.cit.

[19] Erou legendar, menţionat în Iliada lui Homer, care după căderea Troiei fuge în Italia unde se căsătoreşte cu fiica împăratului din Latium, urmaşii săi vor întemeia Roma.

[20] Vergiliu, *Eneida*, III, 34-35, apud *Ibidem*, p. 205

Strabon s-a născut în anul 63 a.Chr. în Amaseia din Pont (Turcia de azi) şi a trăit până în anul 19 p.Chr. A călătorit la Roma, a vizitat Egiptul şi multe alte ţări. Opera sa principală, *Geografia* – este scrisă în şaptesprezece cărţi şi păstrată aproape în totalitate. În cartea a VII-a, Strabon ne vorbeşte despre neamurile care populau ambele maluri ale Dunării şi ni-l prezintă pe Zamolxis ca proroc divinizat:

> „Posidoniu afirmă că misii se feresc, din cucernicie, de a mânca vietăţi, şi iată deci motivul pentru care nu se ating de carnea turmelor lor. Se hrănesc însă cu miere, lapte şi brânză, ducând un trai liniştit – pentru care pricină au fost numiţi «theosebi» (adoratori ai zeilor) şi «capnobaţi» (cei care umblă prin fum). Unii traci – spune acesta – îşi petrec viaţa fără să aibă legături cu femeile, numindu-se «ctişti» (întemeietorii), ei sunt onoraţi şi socotiţi sacri, trăind feriţi de orice primejdie. Pe toţi aceştia poetul i-a numit «străluciţii mulgători de iepe», «cei care duc o viaţă sărăcăcioasă» şi «oamenii cei mai drepţi». Îi numeşte «abii» (străini de plăcerile vieţii) mai ales pentru că trăiesc departe de femei, fiind încredinţaţi că viaţa singuratică, de om necăsătorit, e o viaţă numai pe jumătate, ca şi casa lui Protesilaus, numai pe jumătate casă, pentru că [acesta murind] este văduvită de el. Iar epitetul de «luptători din apropiere» (de neînvins) dat misilor se datoreşte faptului că nu pot fi biruiţi – ca nişte buni războinici ce sunt. De aceea, în cartea a XIII-a [a Iliadei] trebuie scris «moesii care luptă din apropiere» în loc de «misii care luptă din apropiere»."[21]
>
> „Se spune că un get cu numele Zamolxis ar fi fost sclavul lui Pitagora şi că ar fi deprins de la acesta unele cunoştinţe astronomice, iar o altă parte ar fi deprins-o de la egipteni, căci cutreierările sale l-ar fi dus până acolo. Întorcându-se la el în ţară, s-ar fi bucurat de o mare trecere la conducători şi la popor – întrucât, întemeiat pe semnele cereşti, el făcea proorciri. În cele din urmă l-a convins pe rege să-l facă părtaş la domnie, spunându-i că

---

[21] Strabon, *Geografia*, VII, 3, 3 (C.296), apud Vladimir Iliescu, Virgil C. Popescu, Gheorghe Ştefan, *Op.cit.*, p. 227

este în stare să-i vestească voinţa zeilor. Mai întâi [Zamolxis] s-ar fi făcut preot al zeului cel mai slăvit la ei, iar după aceea a primit şi numele de zeu, petrecându-şi viaţa într-o peşteră, pe care a ocupat-o el, şi unde ceilalţi nu puteau intra. Se întâlnea rar cu cei din afară, cu excepţia regelui şi a slujitorilor acestuia, regele lucra în înţelegere cu el, fiindcă vedea că oamenii ajunseseră [datorită lui] mult mai ascultători decât înainte. Căci supuşii lui credeau că [regele] dă poruncile sfătuit de zei. Obiceiul acesta a continuat până în zilele noastre, pentru că mereu se găsea cineva gata să-l sfătuiască pe rege – şi acelui om geţii îi spuneau zeu. Muntele [unde se află peştera] a fost socotit sfânt şi s-a numit aşa. I se zice Cogaionon şi la fel a fost şi numele râului care curgea pe lângă el. Pe când domnea asupra geţilor Burebista – împotriva căruia s-a pregătit să pornească divinul Cezar - cinstea mai sus amintită o avea Deceneu (Decaineos). A dăinuit la geţi obiceiul pitagoreic, adus de Zamolxis, de a nu se atinge de carnea animalelor."[22]

„Spre a ţine în ascultare poporul, el (Burebista) şi-a luat ajutor pe Deceneu, un şarlatan care rătăcise multă vreme prin Egipt, învăţând acolo unele semne de prorocire, mulţumită cărora susţinea că tălmăceşte voinţa zeilor. Ba încă de un timp fusese socotit şi zeu. Aşa cum am arătat când am vorbit despre Zamolxis. Ca o dovadă pentru ascultarea ce i-o dădeau (geţii), este şi faptul că ei s-au lăsat înduplecaţi să taie viţa de vie şi să trăiască fără vin."[23]

„Şi profeţii erau cinstiţi, încă erau socotiţi vrednici de domnie, [...] astfel [...] Orfeu, Musaios şi zeul la geţi, în vechime Zamolxis, un pitagoreu, iar în vremea noastră Deceneu, care proroceşte lui Burebista."[24]

Strabon oferă noi date în legătură cu religia geto-dacilor, adaugă noutăţi la biografia lui Zalmoxis, al cărui nume îl scrie Zamolxis, şi îl introduce în istorie pe Deceneu, prorocul lui Burebista, care continuă tradiţia de a juca rolul de zeu. La Strabon, Zalmoxis este sclav al lui Pitagora, de la care a învăţat „unele ştiinţe ale cerului", pe

---

[22] *Ibidem*, VII, 3, 5 (C.297), apud *Ibidem*, p. 229
[23] *Ibidem*, VII, 3, 11, apud *Ibidem*, p. 237
[24] *Ibidem*, XVI, 2, 39 (C.762), apud *Ibidem*, p. 253

care le-a completat cu alte învăţături dobândite în urma unei călătorii în Egipt. Strabon nu mai spune nimic despre doctrina nemuririi, la el abilitatea de a citi în astre îl va propulsa pe Zalmoxis ca mare preot al celui mai venerat zeu al geţilor, pentru ca mai târziu să fie considerat el însuşi zeu. Geograful ne mai spune că obiceiul ca cineva să-l sfătuiască pe rege, iar geţii să-l numească zeu, era de actualitate în momentul în care îşi scria opera. Aflăm că geţii erau stabiliţi pe ambele maluri ale Dunării, la fel ca moesi, şi ei de neam trac, aceştia se abţineau de la consumarea cărnii, hrănindu-se doar cu miere, lapte şi brânză, ei fiind numiţi datorită vieţii pe care o duceau „adoratorii de zei" sau „cei care umblă prin fum". Mircea Eliade vede în „umblătorii prin fum" un grup de şamani ce practică transa ajutându-se de fumul de cânepă, Bremmer crede că aceşti „smoke-walkers" erau utilizatori de canabis, iar Dan Dana îi consideră practicanţi ai purificaţiei prin fumigaţie.[25]

Ovidiu s-a născut în anul 43 a.Chr. la Sulmona (Italia). Poetul a studiat şi a trăit la Roma, dar şi-a scris ultimele opere în exil la Tomis (Constanţa de astăzi), s-a stins în anul 17 p.Chr. În poeziile sale găsim informaţii preţioase despre Dobrogea antică; în ***Tristele***, el ne spune:

V, 3, 21-22. „Tu n-ai rămas în patrie, ci ai venit până la Strimoniul plin de zăpadă şi la getul care se închină lui Marte".

După Vergiliu, şi Ovidiu face referire la zeul războiului - Marte.

Pomponius Mela s-a născut la Tingentera (Spania), a trăit în prima jumătate a secolului I p.Chr., a alcătuit o lucrare intitulată ***Descrierea pământului***, în care nu s-a limitat să descrie localităţi şi ţinuturi, ci a oferit multe

---

[25] Dan Dana, *Op.cit.*, p. 70

informaţii legate de obiceiurile şi viaţa locuitorilor[26]. Pomponius ne spune:

> „Tracia este locuită de un singur neam de oameni, tracii, având însă fiecare alt nume şi alte obiceiuri. Unii sunt sălbatici şi cu totul gata să înfrunte moartea, mai ales geţii. Acest lucru se datoreşte credinţelor lor deosebite; unii cred că sufletele celor care mor se vor întoarce pe pământ, iar alţii socotesc că, deşi nu se vor întoarce, ele nu se sting, ci merg în locuri mai fericite; alţii cred că sufletele mor negreşit, însă că e mai bine aşa decât să trăiască. De aceea, la unii sunt deplânse naşterile şi jeliţi nou-născuţii; dar dimpotrivă, înmormântările sunt prilej de sărbătoare şi le cinstesc ca pe nişte lucruri sfinte, prin cânt şi joc."[27]

Autorul atribuie geţilor plânsul naşterilor şi înmormântările vesele, obiceiuri practicate de alt trib tracic, de cel al trauscilor. Ştim acest lucru de la Herodot care spune în cartea a V-a:

> „La trausi găsim aceleaşi datini ca şi la restul tracilor – în afara celor legate de naştere şi moarte, când ei fac ceea ce vom arăta. Rudele stau în jurul nou-născutului şi plâng nenorocirile pe care va trebui să le îndure nou-născutul, odată ce a venit pe lume. Sunt pomenite atunci toate suferinţele omeneşti. Când moare cineva, trausii îl îngroapă glumind şi bucurându-se. Cu acest prilej ei amintesc nenorocirile de care scapă omul..."[28]

Flavius Iosephus s-a născut în anul 37 p.Chr. la Ierusalim. A trăit multă vreme la Roma, unde şi-a scris operele, dintre acestea s-au păstrat: *Războiul Iudaic, Împotriva lui Apion* şi **Antichităţi iudaice**. Aceasta din urmă începe cu facerea lumii şi ajunge cu evenimentele până la domnia împăratului Nero, din ea aflăm că:

---

[26] *Ibidem*, p. 316
[27] Pomponius Mela, *Descrierea pământului,* II, 2, 18, apud Vladimir Iliescu, Virgil C. Popescu, Gheorghe Ştefan, *Op.cit.*, p. 389
[28] Herodot, V, 4, apud *Ibidem,* p. 65

„(Esenienii)...Nu trăiesc aceştia într-un fel deosebit de al celorlalţi oameni, ci traiul lor seamănă cu al aşa-numiţilor polistai la daci.”[29]

Criton s-a născut în Macedonia, a fost medicul împăratului Traian şi l-a însoţit pe acesta în campaniile din Dacia. În opera ***Geticele***, el descrie războaiele romanilor cu dacii din 101-102 şi 105-106. Din păcate, la noi au ajuns doar câteva fragmente, deoarece scrierea s-a pierdut, unul dintre acestea este găsit în lexiconul Suidas:

„Şi Criton în Geticele spune: «Prin înşelăciune şi magie, regii geţilor impun supuşilor teama de zei şi buna înţelegere şi dobândesc lucruri mari».”[30]

Apollonius din Tyana a fost orator, magician şi filosof grec. Se ştiu puţine despre el, în scrisoarea dedicată ***Regelui sciţilor***, spune:

> „Zamolxis era om bun şi filosof, dat fiindcă a fost discipolul lui Pytagora; şi dacă în acea vreme Romanul ar fi fost aşa [ca astăzi] de bună voie i-ar fi devenit prieten. Dar dacă se consideră că trebuie luptă şi suferinţă pentru libertate, dobândeşte faimă de filosof, adică de om liber.”[31]

Apuleius s-a născut în jurul anului 125 p.Chr., era originar din Madaura (oraş din nordul Africii), a întreprins călătorii în Italia şi Orient. S-au păstrat mai multe dintre operele sale, ***Apollogia*** este una dintre ele, ea reprezintă discursul lui Apuleius de apărare în urma unui proces în care a fost acuzat că practică magia. După ce defineşte magia drept meşteşug agreabil zeilor şi ştiinţă pioasă a

---

[29] Iosephus Flavius, *Antichităţi iudaice,* XVII, 1, 5, 22, apud *Ibidem.,* p. 412
[30] Criton, *Geticele,* 7 (2) [p. 932], apud *Ibidem,* p. 509
[31] Philostratus, The life of Appolonius of Tyana, Harvard University Press, London, 1960, p. 429.

lucrurilor divine, moştenită de la Zoroastru şi Ormazes[32], autorul atribuie acest meşteşug tracului Zalmoxis şi citează un pasaj din Platon despre descântece:

> „Acelaşi Platon ne-a lăsat scris următoarele, într-un dialog despre un oarecare Zalmoxis, de neam trac, dar un bărbat [care se ocupa] cu aceeaşi ştiinţă[33]: «Iar vorbele frumoase sunt [ca nişte] descântece». Dar dacă lucrurile stau aşa, de ce să nu-mi fie îngăduit să cunosc fie bunele cuvinte ale lui Zalmoxis, fie ceremoniile preoţeşti ale lui Zoroastru?"[34]

Lucian din Samosata s-a născut în anul 125 într-un oraş situat pe malul fluviului Eufrat, s-a stabilit pentru o vreme la Roma şi Atena, iar spre sfârşitul vieţii a locuit în Egipt, unde se pare că a murit în jurul anului 192. În opera *Scitul şi oaspetele* ne spune:

> „Nu Anacharsis a venit primul la Atena din Sciţia, dornic a se instrui în cultura greacă, ci înaintea lui a venit Toxaris, un bărbat înţelept şi iubitor de frumos, care năzuia să cunoască cele mai bune rânduieli. Cât priveşte obârşia lui, nu se trăgea din vreun neam regesc, nici nu se număra printre purtătorii de pileus, ci era unul dintre sciţii cei mulţi şi din popor, aşa cum sunt la ei aşa numiţii „cei cu opt picioare", adică să fie stăpân pe doi boi şi o căruţă. Acest Toxaris nu s-a mai întors în Sciţia, ci a murit la Atena şi nu după multă vreme a fost trecut în rândul semizeilor, iar atenienii îi jertfesc «Medicului străin». Acest nume l-a dobândit [Toxaris] după ce ajunse semizeu. Poate că n-ar strica să lămuresc care este pricina denumirii şi pentru ce motiv a fost socotit în rândul semizeilor, fiind considerat ca unul dintre urmaşii lui Asclepios, [şi acesta] ca să vă daţi seama şi voi că nu numai la sciţi există datina de a-i face pe

---

32 Dan Dana, *Op.cit.*, p. 97

33 Adică magia.

34 Apuleius, *Apologia*, 26, apud Vladimir Iliescu, Virgil C. Popescu, Gheorghe Ştefan, *Op.cit.*, p. 608

oameni nemuritori şi de a-i trimite lui Zamolxis soli, ci şi atenienii au dreptul să-i zeifice pe sciţi în Grecia."[35]
„Vreau să amintesc şi de oamenii însemnaţi pe care i-am văzut la ei [...]. Dintre barbari, pe cei din Cirus, pe scitul Anacharsis, pe tracul Zamolxis, pe italiotul Numa, apoi pe Licurg din Lacedemona, pe atenienii Focion şi Tellos şi pe (cei şapte) înţelepţi cu excepţia lui Periandru."[36]
„Sciţii jertfesc unui paloş, tracii lui Zamolxis, care este sclav din Samos venit la dânşii, frigienii (jertfesc) Lunii, etiopienii Zilei."[37]
„Prin urmare sciţii şi geţii, după ce văd acestea şi ne spun un lung «bun rămas» devin nemuritori; şi zeifică pe cine vor, în acelaşi fel în care şi Zamolxis, deşi sclav, a fost trecut pe lista zeilor, strecurându-se nu ştiu cum."[38]

Aici zeul get se află pe Insulele Fericiţilor[39] alături de alţi legislatori. Lucian ne oferă o listă de sacrificii efectuate de diverse popoare, astfel aflăm că sciţii sacrifică spadei, frigienii Lunii, etiopienii Zilei, iar tracii lui Zamolxis. Adorat de traci, sciţi şi geţi, Zamolxis nu mai este eliberat din sclavie, acum este fugar.

Lucian ne aduce la cunoştinţă că sciţii şi geţii conferă nemurirea după bunul lor plac, acest lucru l-au făcut şi cu Zamolxis.

Herodian s-a născut la Alexandria, dar a trăit la Roma în timpul domniei împăratului Marcus Aurelius (161-180). Fragmente din operele sale *Prozodia generală* şi *Despre ortografie* s-au păstrat în culegerea lui Stephanos din Bizanţ (secolul al VII-lea). În lucrarea ***Despre ortografie***, Herodian afirmă:

„Zamolxis: se mai spune şi Zalmoxis şi Salmoxis."[40]

---

35 Lucian, *Scitul sau oaspetele*, 1, apud Vladimir Iliescu, Virgil C. Popescu, Gheorghe Ştefan, *Op.cit.*, p. 610
36 *Idem, Istoria adevărată, II, 17*, apud *Ibidem*, p. 613
37 *Idem, Zeul tragedian, 42*, apud *Ibidem, Loc.cit.*
38 *Idem, Adunarea zeilor*, 9, apud *Ibidem*, p. 615
39 Loc legendar, un fel de Paradis locuit de eroi.
40 Herodian, *Despre ortografie,* II, 514, 25, apud *Ibidem*, p. 627

Paradoxgraful lui Rohde este o lucrare anonimă, editată de învăţatul german Erwin Rohde şi păstrată într-un codice de secol XV, în biblioteca Vaticanului, în care citim:

„Se spune că geţii întâmpină cu lovituri de tobă tunetele lui Zeus şi îl ameninţă pe zeu trăgând cu arcul în văzduh."[41]

Clemens din Alexandria s-a născut la Atena în anul 150; a fost teolog creştin, a întreprins numeroase călătorii şi s-a stabilit în Alexandria (Egipt), a încetat din viaţă în anul 216. În ***Covoarele***, operă bazată pe izvoare astăzi în mare parte pierdute, menţionează:

> „Este limpede că barbarii cinstesc cu deosebire pe legiuitorii şi dascălii lor, numindu-i zei [...] Îmi pare că ei au simţit binefacerile mari ale bărbaţilor înţelepţi şi i-au cinstit. La rândul lor, aceşti bărbaţi au arătat că înţelepciunea lor este în folosul obştii; [aşa sunt] toţi brahmanii, odrizii, geţii..."[42]
>
> „Geţii, un neam barbar care a gustat şi el din filosofie, aleg în fiecare an un sol [spre a-l trimite] semizeului Zamolxis.
>
> Zamolxis a fost unul dintre apropiaţii lui Pitagora. Aşadar este înjunghiat cel socotit cel mai vrednic dintre cei ce se îndeletnicesc cu filosofia. Cei care nu sunt aleşi se mâhnesc amarnic, spunând că au fost lipsiţi de un prieten fericit."[43]

Textul lui Clemens diferă de prezentarea lui Herodot, aici solul este trimis la Zamolxis/Zalmoxis anual, prin înjunghiere, nu o dată la al cincilea an prin aruncare în suliţe; iar cel trimis nu este tras la sorţi, ci este ales cel mai de seamă dintre geţi.

---

[41] Paradoxograful lui Rohde, 42, apud *Ibidem,* p. 635
[42] Clemens din Alexandria, *Covoarele*, I, 15, apud *Ibidem*, p. 636
[43] *Ibidem*, IV, 8, apud *Ibidem, Loc.cit.*

Origene s-a născut în anul 185 în Alexandria și a încetat din viață în anul 255. În opera **Împotriva lui Celsus**[44], Origene vorbind despre prorociri menționează:

> „După aceea iudeul grăi către concetățenii săi care credeau în Iisus: «hai, să admitem că vi s-a prorocit toate acestea». Câți alții însă spun astfel de minunății, ca să convingă pe cel care ascultă prostește și să tragă foloase din rătăcirea lor? Așa se zice că a făcut și Zamolxis, sclavul lui Pitagora, la sciți și chiar Pitagora în Italia [...] și Orfeu la odrisi."[45]
>
> „Apoi fiindcă cinstiți pe cel prins și mort, cum spune Celsus, el crede «că noi am făcut la fel ca geții care cinstesc pe Zamolxis...»"[46]
>
> „Oare și noi trebuie să învinuim pe filosofi că au îndemnat sclavii la virtute, pe Pitagora că a îndemnat pe Zamolxis, pe Zenon că a îndemnat pe Persaios și pe cei care nu demult au îndemnat pe Epictet să se îndeletnicească cu filosofia?"[47]

Diogenes Laertios a trăit în prima jumătate a secolului al III-lea și a scris o istorie a celor mai cunoscuți filosofi, intitulată ***Despre viețile și doctrinele filosofilor***. Această lucrare este deosebit de importantă, deoarece majoritatea surselor folosite de autor nu se mai găsesc. Din opera lui aflăm:

> „Unii autori afirmă că studiul filosofiei a început la popoarele străine. Ei susțin că perșii au avut magi, babilonienii și asirienii pe chaldei și indienii pe gimnosofiști, iar celții și gothii pe așa numiții druizi sau semnotheos, după cum afirmă Aristotel în lucrarea Despre magie și Sotion în cartea a douăzeci și treia a scrierii sale Succesiunile filosofilor. De asemenea, ei spun că Mochos a fost fenician, Zamolxis trac, iar Atlas libian. Egiptenii cred că Hefaistos a fost fiul lui Neilos, că

---

44 Celsus – filosof anticreștin.
45 Origene, *Împotriva lui Celsus*, II, 55 [429], apud *Ibidem*, p. 714
46 *Ibidem*, III, 34 [469], apud *Ibidem, Loc.cit.*
47 *Ibidem*, III, 54 [483], apud *Ibidem, Loc.cit.*

el a început filozofia, reprezentanţii ei de frunte fiind preoţii şi profeţii."[48]

Hipolit din Roma (Hippolytus) s-a născut în jurul anilor 170-175 şi a murit în timpul persecuţiilor împotriva creştinilor organizate de împăratul Decius. În opera *Philosophumena* (atribuită iniţial lui Origene), oferă date interesante despre zeul geţilor:

> „Druizii celţilor se aplecaseră asupra filosofiei lui Pitagora, sursa acestei practici fiind Zamolxis, sclavul lui Pitagora, de neam trac; după moartea lui Pitagora, a călătorit în ţara lor, şi după cunoştinţele lor, el era fondatorul acelei filosofii. Celţii îi slăvesc pe druizi ca profeţi şi ghicitori..."[49]

La Hipolit, Zamolxis apare ca supravieţuitor al incendiului din Crotona (în care stăpânul său şi-a găsit sfârşitul) şi ca propagator al filosofiei lui Pitagora printre preoţii druizi ai celţilor.

Porphyrios s-a născut în anul 232 la Tyr, a trăit un timp la Atena şi la Roma, apoi s-a stabilit în Sicilia, unde în 304 a încetat din viaţă. A fost adversar al creştinismului; în biografia *Viaţa lui Pitagora*, ne spune:

> „[Pitagora] mai avea şi un alt adolescent, pe care-l dobândise în Tracia, numit Zalmoxis, deoarece – la naştere – i se aruncase deasupra o piele de urs: tracii numesc pielea [aceasta] «zalmos». Îndrăgindu-l, Pitagora l-a învăţat să cerceteze fenomenele cereşti şi [să se priceapă] la sacrificii şi la alte ceremonii în cinstea zeilor. Unii spun că el mai este numit şi Thales, iar barbarii îl adoră ca pe Heracle."[50]

---

[48] Diogenes Laertios, *Despre vieţile şi doctrinele filozofilor*, Editura Minerva, Bucureşti, 1997, p. 6.
[49] Hippolytus, *Philosophumena, Vol. 1*, London Society for promoting Christian knowledge, London, Great Britain, 1921.pp. 61-62
[50] Porphyrios, *Viaţa lui Pitagora*, 14, apud Vladimir Iliescu, Virgil C. Popescu, Gheorghe Ştefan, *Op.cit.*, p. 742

„Dionysophanes afirmă că el a fost sclavul lui Pitagora, că a căzut în mâinile hoților şi a fost tatuat când s-a făcut răscoala împotriva lui Pitagora, care a fugit, şi că şi-a legat faţa din pricina tatuajului. Unii mai spun că numele de Zalmoxis înseamnă «bărbat străin»...”[51]

Porphyrios ne oferă două etimologii pentru numele lui Zalmoxis, prima este legată de momentul naşterii, când a fost acoperit cu o piele/blană de urs (tracii numind această piele „zalmos”), iar a doua are legătură cu originea sa. Autorul îl identifică pe Zalmoxis cu Thales[52] şi cu Heracle[53], motivând că astfel este adorat de barbari.

Iamblichos, filosof grec, elev a lui Porphyrios, s-a născut în jurul anului 283 şi a încetat din viaţă în jurul anului 333. Cea mai importantă lucrare păstrată din întreaga sa operă este ***Viaţa lui Pitagora***, iată ce ne spune în ea cu privire la religia geţilor:

„Căci Zalmoxis, de origine trac, fost sclav şi discipol al lui Pitagora, după ce a fost eliberat s-a întors la geţi, le-a întocmit legile cum am arătat la început şi a îndemnat la bărbăţie pe concetăţenii săi, convingându-i că sufletul este nemuritor. Chiar şi acum galatii toţi şi tralii şi mai mulţi dintre barbari învaţă pe copiii lor că nu este cu putinţă ca sufletul să piară, ci el continuă să existe; şi că nu trebuie să se teamă de moarte, ci să înfrunte cu vitejie primejdiile. Şi pentru că a învăţat pe geţi aceste lucruri şi le-a scris legile este socotit la ei drept cel mai mare dintre zei.”[54]

---

[51] *Ibidem*, 15, apud *Ibidem, Loc.cit.*
[52] Thales din Milet este considerat părintele matematicii, astronomiei şi filosofiei.
[53] Heracle sau Hercule: erou-semizeu, neîntrecut în forţă; fiu a lui Zeus şi al unei muritoare, care după moarte va fi primit în Olimp, unde vitejia sa va fi decisivă în lupta dintre zei şi giganţi.
[54] Iamblichos, *Viaţa lui Pitagora*, XXX (173), apud Haralambie Mihăilescu, Gheorghe Ştefan, *Izvoarele Istoriei României*, vol. II, Editura Academiei Republicii Socialiste a României, Bucureşti, 1970, p. 19

La Iamblichos este subliniată postura de legislator a lui Zalmoxis, care este considerat de geţi ca fiind cel mai mare dintre zei.

Împăratul Iulian (Flavius Claudius Iulianus – supranumit *Apostatul*) s-a născut în anul 331, a urcat pe tronul Romei în anul 361 şi a murit după doi ani de domnie, pe când lua parte la o expediţie împotriva perşilor. În copilărie a fost educat în spirit creştin, dar s-a lepădat de creştinism[55], fiind ultimul împărat roman pagân. Iulian a studiat retorica şi filosofia. Dintre scrierile rămase se numără trei discursuri oficiale, imnuri în proză, scrierea *Contra Creştinilor* şi **Cezarii**, în care îi critică pe împăraţii predecesori lui, printre care şi pe Traian:

> „După aceasta i se dădu lui Traian putinţa de a vorbi. Acesta, cu toate că era priceput să cuvânteze, dar lenea îl făcea de obicei să încredinţeze lui Sura grija de a pune în scris pentru el cele mai multe, mai degrabă strigând decât vorbind, începu să arate zeilor trofeele getice şi cele partice. Acuza bătrâneţea că nu i-a îngăduit să sfârşească războiul cu parţii. Atunci Silenus: «Dar îngâmfatule, zise, ai domnit douăzeci de ani şi Alexandru acesta de aici (a domnit) doisprezece. Pentru ce, aşadar, în loc să învinuieşti moliciunea ta învinuieşti scurtimea vremii?» Mâniat de zeflemire (căci nu era străin de retorică, dar faptul că-i plăcea să cam bea îi slăbea uneori puterea de a înţelege), zise: «Eu, Jupiter şi zeilor, după ce am luat conducerea imperiului amorţit şi descompus din cauza tiraniei care dăinuise mult la noi în ţară, şi din cauza silniciei geţilor, singur am cutezat să merg împotriva neamurilor care locuiesc dincolo de Istru şi am nimicit neamul geţilor, care au fost mai războinici decât oricare dintre oamenii care au trăit cândva – şi aceasta nu numai datorită tăriei trupului lor, dar şi pentru că îi convinsese să fie astfel slăvitul lor Zamolxis. Crezând că nu mor, dar că îşi schimbă locuinţa, ei sunt mai porniţi pe lupte, decât ar fi înclinaţi să întreprindă o călătorie. Am făcut această expediţie în cinci ani. Dintre

---

55 Haralambie Mihăilescu, Gheorghe Ştefan, *Op.cit.*, p. 29

toţi împăraţii de dinainte de mine, eu am fost socotit de supuşi cel mai blând»..."[56]

Acest discurs al lui Traian este citat în istoriografie ca provenind din opera pierdută *Dacica,* dar unii istorici sunt de părere că ar fi vorba de un discurs fictiv atribuit lui Traian de către împăratul Iulian Apostatul.[57]

Theodoretos din Cyros s-a născut pe la anul 393 în Anatolia. A fost numit episcop de Cyros, dar fiind bănuit de nestorianism[58] a fost exilat; nu după multă vreme şi-a recăpătat postul, a încetat din viaţă în jurul anului 466.

Theodoretos a scris multe lucrări, printre care o *Istorie bisericească* şi opera ***Terapeutice,*** în care spune:

I, 25. „Pe Zamolxis tracul şi pe Anaharsis scitul îi admiraţi pentru înţelepciune."

Enea din Gaza, nu se cunoaşte data la care s-a născut, dar se ştie că a murit după 518. Deşi era creştin, a adoptat filosofia neoplatoniciană şi a fost unul dintre cei mai vestiţi maeştri ai şcolii de retorică din Gaza. De la el ne-a rămas un dialog intitulat *Teofrast* sau ***Despre nemurirea sufletelor şi învierea trupurilor,*** în care citim:

„Locuiesc în Tracia, pe lângă fluviul Istru, geţii, care socotesc ca unic zeu pe servitorul lui Pitagora (Zalmoxis). Acesta a fost fugar şi a profesat filosofia stăpânului său. Geţii sugrumă pe cei mai frumoşi şi mai buni dintre ei şi îi fac astfel nemuritori, după părerea lor."[59]

---

[56] Iulian, *Împăraţii,* 22, Haralambie Mihăilescu, Ghe. Ştefan, *Op.cit.* p. 29

[57] Dan Dana, *Op.cit.* , p.122

[58] Doctrină care susţine că cele două esenţe (divină şi umană) ale lui Iisus Hristos sunt separate.

[59] Enea din Gaza, *Despre nemurirea sufletelor şi învierea trupurilor,* PG, LXXXV, 940, apud Haralambie Mihăilescu, Gheorghe Ştefan, *Op.cit.,* p. 321

La Enea dispare aruncarea în suliţe, acum avem altă metodă de trimitere a mesagerului. Geţii au un singur zeu – pe fugarul Zalmoxis, cei ştrangulaţi în cinstea lui devin nemuritori.

Hesychios din Alexandria – a trăit în secolul al V-lea sau al VI-lea, este autorul celui mai bogat Lexicon conservat din antichitate. Opera sa cuprinde termeni rari şi proverbe întrebuinţate de autorii clasici. În *Culegere alfabetică de cuvinte de tot felul*, menţionează:

> „Zalmoxis: despre acesta Herodot ne spune că grecii care locuiesc în jurul Pontului afirmă că a fost sclavul lui Pitagora, că apoi a fost eliberat şi s-a înapoiat cu corabia în ţinuturile sale de baştină, unde a propagat învăţături despre un trai mai înţelept decât al grecilor. A adus cu sine fruntaşi atenieni şi i-a primit cât se poate de bine, spunând că nici el, nici discipoli săi nu vor muri. Alţii susţin că (Zalmoxis) era consacrat lui Cronos (nemuritor)."[60]

Iordanes a fost episcop de origine gotică, s-a născut în jurul anului 480 în Moesia Inferior. În anul 551 a alcătuit o „Cronică universală" intitulată *De summa temporum vel origine actibusque gentis Romanorum*, a scris şi o „Istorie a goţilor", **De origine actibusgue Getarum**, pe scurt **Getica**. În Getica, Iordanes foloseşte largi extrase din *Historia Gothorum* a lui Flavius Magnus Aurelius Cassiodorus[61], astăzi pierdută. Prima parte a operei sale nu are prea mare valoare, deoarece sursele ei s-au păstrat, dar cea de-a doua conţine informaţii deosebit de preţioase, despre istoria goţilor, slavilor şi a populaţiilor romanizate din sud-estul Europei.[62] În **Getica**, autorul ne spune:

---

[60] Hesychios din Alexandria, *Culegere alfabetică de cuvinte de tot felul,* apud Haralambie Mihăilescu, Gheorghe Ştefan, *Op.cit.,* p. 391

[61] Scriitor roman, apropiat al regelui ostrogot Theodoric cel Mare.

[62] Haralambie Mihăilescu, Gheorghe Ştefan, *Op.cit.,* p. 407

39. „În cel de al doilea lăcaş al lor, adică în Dacia, Tracia şi Moesia, goţii au avut drept rege pe Zamolxe, despre care cei mai mulţi scriitori de anale ne spun că a fost un filosof cu o erudiţie de admirat. Căci şi mai înainte l-au avut pe învăţatul Zeuta, după aceea pe Deceneu (Dicineum) şi în al treilea rând pe Zamolxe despre care am vorbit mai sus. Goţii n-au fost deci lipsiţi de oameni care să-i înveţe filozofie”.

40. „De aceea goţii au fost totdeauna superiori aproape tuturor barbarilor şi aproape egali cu grecii, după cum relatează Dio, care a compus istoria şi analele lor în limba greacă [...] Şi într-atât au fost de lăudaţi, încât se spune că la ei s-a născut Marte, pe care înşelăciunea poeţilor l-a făcut zeu al războiului. De aceea spune şi Vergilius: «Neobositul părinte, care stăpâneşte câmpiile geţilor».”

41. „Pe acest Marte, goţii totdeauna l-au înduplecat printr-un cult sălbatec (căci victimele lui au fost prizonierii ucişi), socotind că şeful războiului trebuie împăcat prin vărsare de sânge omenesc. Lui i se jertfeau primele prăzi, lui i se atârnau pe trunchiurile arborilor prăzile de război cele dintâi şi exista un simţământ religios adânc în comparaţie cu ceilalţi zei, deoarece se părea că invocaţia spiritului său era ca aceea adresată unui părinte.”

67. „[...]Primindu-l pe Deceneu, Burebista i-a dat o putere aproape regală. După sfatul acestuia goţii (geţii, dacii) au început să pustiască pământurile germanilor pe care acum le stăpânesc francii.”

69. „Ei (geţii) socoteau ca noroc şi câştig, drept unica lor dorinţă, îndeplinirea în ori ce chip a lucrurilor pe care le sfătuia îndrumătorul lor Deceneu, judecând că este folositor să realizeze acestea. El observând înclinarea lor de al asculta în toate, şi că ei sunt din fire deştepţi, i-a instruit în aproape toate ramurile filosofiei; căci era un maestru priceput în acest domeniu. El i-a învăţat etica, dezvăţându-i de obiceiurile lor barbare, i-a instruit în ştiinţele fizicii, făcându-i să trăiască conform legilor naturii; transcriind aceste legi, ele se păstrează până astăzi, sub numele de belagines; i-a învăţat logica, făcându-i superiori celorlalte popoare, în privinţa minţii; dându-le un exemplu practic i-a îndemnat să petreacă viaţa în fapte bune; demonstrându-le teoria celor

douăsprezece semne ale zodiacului, le-a arătat mersul planetelor şi toate secretele astronomice şi cum creşte şi scade orbita lunii şi cu cât globul de foc al soarelui întrece măsura globului pământesc şi le-a expus sub ce nume şi sub ce semne cele trei sute şi patruzeci şi şase de stele trec în drumul lor cel repede de la răsărit până la apus spre a se apropia sau depărta de polul ceresc.”

71. „Comunicând acestea şi alte multe goţilor cu măiestrie, Deceneu a devenit în ochii lor o fiinţă miraculoasă încât a condus nu numai pe oameni, dar şi pe regi. Căci atunci a ales dintre ei pe bărbaţii cei mai de seamă şi mai înţelepţi pe care i-a învăţat teologia, i-a sfătuit să cinstească anumite divinităţi şi sanctuare, făcându-i preoţi şi le-a dat numele de pilleati (cei cu căciuli), fiindcă, după cum cred, având capetele acoperite cu o tiară pe care o numim cu un alt nume pilleus, ei făceau sacrificii”;

72. Restul poporului a dat ordin să se numească capillati (pletoşii), nume pe care goţii l-au acceptat şi l-au preţuit ca pe cea mai mare onoare păstrându-l până în zilele noastre în cântecele lor.”

73. „Iar după moartea lui Deceneu, ei au avut aproape în aceeaşi veneraţie pe Comossicus, fiindcă era tot aşa de iscusit. Acesta era considerat de ei ca rege şi ca preot suprem, şi ca judecător, datorită priceperii sale împărţea poporului dreptatea ca ultimă instanţă.” [63]

Succesiunea prezentată de Iordanes: Zeuta, Deceneu, Zalmoxis este eronată. În *Getica*, Deceneu, datorită personalităţii şi a reuşitelor sale, ocupă poziţia centrală, punându-l într-un con de umbră pe Zalmoxis. Deceneu, consilier al regelui „got” Burebista, este cel care le oferă goţilor (geţilor) iniţierea în filozofie şi legile. Această operă va pune bazele unui curent de idei foarte popular în Occidentul medieval, curent de idei care va avea să continue până în epoca modernă – este vorba de punerea semnului egal între neamul germanic al goţilor şi neamul tracic al geţilor. În secolul XX, teza aceasta şi-a pierdut din elan, resuscitări ale ei reapar sporadic, făcând impresie

---

[63] Iordanes, *Getica*, 41, apud Haralambie Mihăilescu, Gheorghe Ştefan, *Op.cit.*, pp. 413-419

asupra celor nefamiliarizaţi cu subiectul. Dar, pentru că nu este locul aici, o să-i las pe alţii să dezbată dacă goţii erau una cu geţii sau dacă pur şi simplu le-au furat istoria.

Agathias s-a născut în secolul al VI-lea la Myrina (oraş din Asia Mică), a făcut studii juridice în Alexandria şi Constantinopol. A scris *Anthologia Palatină* şi o operă istorică, ce poartă numele ***Istorii,*** în prefaţa acestei lucrări Agathias ne spune:

> „Căci, după părerea mea, nu pentru o coroană de măslin sau de pătrunjel se dezbrăcau în arenă învingătorii la jocurile olimpice [...], ci pentru o glorie statornică şi nepieritoare, pe care nu era cu putinţă să o culeagă altfel, decât dacă istoria îi făcea nemuritori, dar nu cu regulile lui Zamolxis şi aiureală getică, ci cu adevărat, într-un chip divin şi nemuritor şi singurul în care cele muritoare pot vieţui în veci."[64]

Leon Diaconul, originar din Caloe (oraş situat în Asia Mică), a fost demnitar la curtea împăratului Vasile al II-lea şi a participat alături de acesta în campania din anul 986, împotriva bulgarilor. A alcătuit o operă, intitulată ***Istoria,*** în ea autorul a redactat evenimente la care a fost martor ocular[65]. Povestind urmările unei lupte dintre sciţi[66] şi romani[67], desfăşurată în apropierea Istrului, Leon ne spune:

> „Se zice că ei cunosc şi orgiile elenice, iar celor care mor le aduc, în felul elenilor, jertfe şi libaţii; şi le-au deprins fie

---

[64] Agathias, Istorii, Prefaţă, 3 apud Haralambie Mihăilescu, Gheorghe Ştefan, *Op.cit.*, p. 477

[65] *Ibidem*, p. 677

[66] Pentru această perioadă este vorba despre un nume generic dat popoarelor din zona Dunării de Jos.

[67] Romani din partea de răsărit a imperiului, *romei* - adică bizantini.

de la Anacharsis şi Zamolxis, înţelepţii lor, fie de la tovarăşii lui Ahile."[68]

Suidas (sau Suda), acest nume nu reprezintă un autor, aşa cum s-a crezut multă vreme, ci este denumirea unui dicţionar alcătuit în a doua jumătate a secolului al X-lea, şi provine de la apelativul *suda*, care înseamnă „construcţie măreaţă şi făcută cu multă trudă, bine plănuită şi utilă"[69]. Autorul sau autorii anonimi au adunat un imens material, care completează informaţiile pe care le deţinem de la scriitorii antici. **Lexicon**:

> „Zamolxis: a fost sclavul lui Pitagora, cum spune Herodot, în cartea a patra. Era scit. Întorcându-se [acasă] învăţa că sufletul este nemuritor. Mnaseas arată că la geţi Cronos era cinstit şi numit Zamolxis. Hellanicos în Legiuirile barbare spune că [Zamolxis] a devenit grec şi a arătat geţilor din Tracia ceremonii de iniţiere în mistere şi le-a mărturisit că el nu va muri şi nici cei ce sunt cu dânsul, ci vor avea parte de toate bunătăţile. Spunând acestea şi-a construit o locuinţă sub pământ. Apoi a dispărut dintr-o dată din mijlocul tracilor şi îşi petrecea vremea în ea. Geţii îl doreau. În al patrulea an a apărut din nou, iar tracii au căpătat deplină încredere în el. Unii susţin că Zamolxis a fost sclavul lui Pitagora, fiul lui Mnesarcos din Samos şi, după ce a fost eliberat, propovăduia aceste învăţături. Dar se pare că Zamolxis a trăit cu mult înainte de Pitagora. Cred în nemurire şi terizii şi crobyzii şi socotesc că cei morţi se duc, cum spune Zamolxis, dar se vor întoarce din nou. Ei cred mereu că acestea sunt adevărate. Ei fac sacrificii şi benchetuiesc, ca şi cum mortul se va întoarce înapoi."[70]
>
> „Pitagora din Samos [...] Acestuia i-a fost sclav Zamolxis, căruia geţii îi aduc jertfe ca lui Cronos."[71]

---

[68] Leon Diaconul, *Istoria*, IX, 6, apud Haralambie Mihăilescu, Gheorghe Ştefan, *Op.cit.*, p. 691

[69] Haralambie Mihăilescu, Gheorghe Ştefan, *Op.cit.*, p. 699

[70] Suidas, *Lexicon*, II, 500, apud Haralambie Mihăilescu, Gheorghe Ştefan, *Op.cit.*, p. 701

[71] *Ibidem*, IV, 262, apud *Ibidem*, Loc.cit.

În Lexicon mai găsim o notiţă ciudată în care se afirmă că numele Zalmoxis aparţine unei divinităţi feminine, este probabil o confuzie, dar acest lucru nu i-a oprit pe savanţii moderni să emită teorii despre o zeitate soţie lui Zalmoxis sau despre existenţa unui cuplu divin, protector al vegetaţiei.[72]

Începând cu Herodot şi până la Lexiconul Suidas există numeroase însemnări cu privire la Zalmoxis şi la credinţele religioase ale autohtonilor din Dacia. Problema o reprezintă calitatea şi veridicitatea acestor însemnări, majoritatea textelor abundă de repetări, reinterpretări şi de relatări contradictorii.

---

[72] Andras Bodor, *Der Liber- und Libera- Kult,* Dacia, NS, 7, 1963, pp. 211-239, apud Dan Dana, *Op.cit.*, p. 331

Capitolul 2

MITURILE ANTICE

În acest capitol o să explorăm identitățile atribuite de autorii antici lui Zalmoxis/Zamolxis.

ZALMOXIS, SCLAVUL LUI PITAGORA

Cu câteva excepții, la autorii antici, Zalmoxis este prezentat drept sclav sau discipol al lui Pitagora. Catalogat drept sclav apare în a doua versiune a poveștii lui Herodot, apoi sub aceeași titulatură îl găsim la Strabon, Lucian, Diogene, Hipolit, Porphyrios, Hesychios.

Drept discipol îl întâlnim la Apollonios din Tyrana, iar Origene și Iamblichos îl numesc atât sclav cât și discipol. Această presupusă sclavie a lui Zalmoxis pe lângă filosoful Pitagora i-a ajutat pe greci să explice credința în nemurire a „barbarilor" de la gurile Istrului. De asemenea, deoarece foarte mulți robi proveneau din Tracia, regiunea era în mintea grecilor o pepinieră de sclavi – Davos (Dacul) și Geta (Getul) fiind nume generice date sclavilor care apăreau ca personaje în tragediile grecești.

ÎNVĂȚĂTURA LUI ZALMOXIS

După cum ne informează Herodot, getul Zalmoxis deprinde doctrina maestrului său, apoi, reîntors în patria natală, el le vorbește fruntașilor țării despre nemurire: „învățându-i că nici el, nici oaspeții săi și nici unul dintre urmașii acestora nu vor muri, ci vor merge într-un anume loc unde vor avea parte de toate bunătățile"[73]. Tot de la Herodot cunoaștem două ritualuri specifice religiei geto-dacilor: cel al sacrificiului sângeros și cel al săgetării norilor pe timp de furtună.

---

[73] Herodot, *Istorii*, IV, 95, apud Vladimir Iliescu, Virgil C. Popescu, Gheorghe Ștefan, *Op.cit.*, p. 49

Mai târziu, Platon, Clemen din Alexandria, Iamblichos şi Pomponius Mela vorbesc despre imortalizarea geţilor făcând referire explicită la suflet, iar Iulian Apostatul menţionează faptul că geţii sunt convinşi de Zalmoxis „că nu mor, ci doar îşi schimbă locul de şedere"[74].

Cu timpul, pe măsură ce relatările despre daci se înmulţesc, învăţătura lui Zalmoxis devine mai complexă, se îmbogăţeşte cu cunoştinţe astronomice, de etică, fizică, logică; la care se adaugă impunerea unei alimentaţii care exclude consumul de carne: „a dăinuit la geţi obiceiul pitagoreic, adus de Zamolxis, de a nu se atinge de carnea animalelor"[75].

CĂLĂTORIILE UNUI FILOSOF BARBAR

După spusele anticilor, urmându-şi maestrul, Zalmoxis pleacă din insula Samos şi ajunge în sudul Italiei, iar de acolo călătoreşte la celţi (în Galia), apoi la geţi. Între timp, se pare că a avut vreme să întreprindă şi o drumeţie în Egipt:

> „Se spune că un get cu numele Zamolxis ar fi fost sclavul lui Pitagora şi că ar fi deprins de la acesta unele cunoştinţe astronomice, iar o altă parte ar fi deprins-o de la egipteni, căci cutreierările sale l-ar fi dus până acolo."[76]

Despre poposirea în sudul Italiei avem relatări de la Antonios Diogenes, Hipolit din Roma şi Porphyrios. După spusele lui Hipolit, Zalmoxis s-a aflat la Crotona atunci când Pitagora şi-a găsit sfârşitul în timpul incendiului care a distrus adunarea pitagoricienilor. Singurii supravieţuitori ai dezastrului sunt Zalmoxis şi alţi doi discipoli de-ai lui

---

[74] Iulian Apostatul, *Împăraţii*, 22, apud Haralambie Mihăilescu, Gheorghe Ştefan, *Izvoarele Istoriei României*, vol. II, Editura Academiei Republicii Socialiste a României, Bucureşti, 1970, p. 29

[75] Strabon, *Geografia,* VII, 3, 5 (C.298), apud Vladimir Iliescu, Virgil C. Popescu, Gheorghe Ştefan, *Op.cit.,* p. 331

[76] *Ibidem*, (C.297), apud *Ibidem*, pp. 330-331

Pitagora; getul având misiunea să-i convertească pe druizii celţilor la filosofia stăpânului şi maestrului său[77].

Porphyrios spune că Zalmoxis „a căzut în mâinile hoţilor şi a fost tatuat când s-a făcut răscoala împotriva lui Pitagora, care a fugit, şi că şi-a legat faţa din pricina tatuajului"[78]. În această versiune a poveştii, Pitagora părăseşte Crotona în urma incendiului, iar sclavul său (Zalmoxis) încearcă să ascundă tatuajul care îl avea pe faţă cu un bandaj. Din păcate fragmentul transmis de Porphyrios nu este mai explicit, numeroşi autori moderni au speculat că această relatare este legată de practica tracică a tatuajului sau de ritualuri specifice cultului exercitat de Zalmoxis.[79]

Călătoria are un caracter iniţiatic, reprezintă un mijloc prin care se acumulează experienţă, cunoaştere, prin care novicele se maturizează.

În antichitate, Pitagora era cunoscut ca filosof, mistic, învăţător, matematician, călător şi, pentru discipolii săi, fiinţă divină, iar pentru unii autori ca Hermip, era un mare şarlatan, care aburea minţile fragede cu poveşti despre moarte, reînviere şi călătorii în Infern.

CĂLĂTORIILE UNUI FILOSOF GREC

Aici vom discuta despre călătoriile lui Pitagora, vom vedea că ipostazele de om, sclav şi fiinţă divină apar şi în biografia sa.

Locul naşterii lui Pitagora este insula Samos, insula era populată de greci ionieni şi se afla în vecinătatea ţărmurilor Asiei Minor.

Pitagora s-a născut în secolul VI a.Chr., venirea pe lume i-a fost prezisă de Pythia, preoteasa care prevestea viitorul la Dephi. După unii, Pitagora era fiul zeului Apollo,

---

[77] Hippolytus, *Philosophumena, Vol. 1,* London Society for promoting Christian knowledge, London, Great Britain, 1921, p.40
[78] Porphyrios, *Viaţa lui Pitagora*, 15, apud *Ibidem*, p. 743
[79] Dan Dana, *Op.cit.*, p. 140

deci un semizeu, un erou terestru, aidoma lui Hercule şi Tezeu.

După ce a fost instruit de cei mai buni profesori, Pitagora în vârstă de 18 ani a plecat în lume să caute înţelepţi care să-i împărtăşească doctrinele, ideile şi cunoştinţele lor. Ajungând la Thales din Milet, acesta l-a învăţat să se abţină de la vin şi de la carnea animalelor, să doarmă puţin, să aibă sufletul vigilent şi pur; apoi l-a sfătuit să se ducă în Egipt şi să se instruiască cu preoţii de la Memphis.[80]

Înarmat cu multă cunoaştere, dar cu şi mai multă dorinţă de cunoaştere, tânărul Pitagora s-a îmbarcat pe o corabie egipteană, marinarii l-au primit cu bucurie, plănuind să-l vândă ca sclav, dar, timp de două nopţi şi trei zile, cât a stat pe corabie, Pitagora a lăsat o impresie puternică asupra marinarilor, deoarece nu s-a mişcat, nu a mâncat, nu a băut şi aparent nici nu a dormit, lucru care i-a impresionat pe marinari. Voiajul a decurs fără nici o dificultate, de parcă o divinitate era la bordul vasului, aşa că, marinarii l-au lăsat liber. Astfel, la vârsta de 22 de ani, Pitagora a luat la pas Egiptul căutând învăţaţi cu care să converseze, a fost iniţiat în misterele zeilor, în astronomie şi geometrie. După un popas de mai mulţi ani în Babilon, la vârsta de 56 de ani s-a reîntors acasă în Samos, unde a înfiinţat Semicercul, o şcoală care avea la bază învăţături prin metode matematice, simboluri şi ghicitori. Pitagora îşi petrecea majoritatea timpului într-o peşteră situată în afara oraşului, unde medita şi făcea observaţii ştiinţifice.[81]

Cum grecii nu erau dispuşi să înveţe metodele matematice predate de Pitagora, acesta, împreună cu acoliţii lui, s-a îmbarcat într-un nou voiaj şi a plecat din Samos cu destinaţia Crotona, o colonie grecească din Italia, unde şi-a petrecut o mare parte din viaţă.[82]

---

[80] Iamblichus, *The life of Pythagoras*, Theosophical Publishing House, Krotona-Hollywood-California, 1918, pp. 6-9
[81] *Ibidem*, pp. 9-10
[82] Iamblichus, *The life of Pythagoras*, Theosophical Publishing House, Krotona-Hollywood-California, 1918, p. 15

Având o cunoaştere enciclopedică, propovăduind vegetarianismul, renunţarea la bunuri proprii, egalitatea între femei şi bărbaţi, nemurirea prin reîncarnare şi făcând afirmaţia că „realitatea este matematică", Pitagora lăsa o impresie asupra ori cui îl asculta – tineri, bătrâni, femei, bărbaţi.

Se spune că şi-a găsit sfârşitul în timpul unui incendiu sau că a fost ucis de mulţimea furioasă din Crotona, care se răzvrătise împotriva sectei, deoarece membrii acesteia încercau să-şi impună doctrina asupra oraşului. După alţii, Pitagora a scăpat din incendiu sau nici măcar nu era în oraş când acesta avut loc. Materialul ajuns până la noi este confuz şi lasă loc diverselor interpretări.

Regăsim în povestea lui Pitagora asemănări izbitoare cu cea a lui Zalmoxis, este considerat când om, când fiinţă divină, este adusă în discuţie la un moment dat chiar sclavia, peştera, iar călătoriile întreprinse pentru a dobândi cunoaştere apar la ambele personaje.

ZALMOXIS – ŞARLATANUL LEGISLATOR

În antichitate, printre greci, Zalmoxis avea reputaţia unui şarlatan, care păcălindu-i pe geţii nu prea înzestraţi intelectual ajunge să fie divinizat.

Diodor din Sicilia este de părere că cei care dau legi pretind că le-au primit de la zei pentru a fi mai uşor acceptate de mulţime, în acest sens unul dintre exemplele oferite de autor este afirmaţia făcută de Zalmoxis, cum că el şi-a primit legile de la zeiţa Hestia (zeiţa focului sacru la greci, care purta numele de Tabiti la sciţi şi Vesta la romani).

La Iamblichos, Zalmoxis este cel care dă legile geţilor şi îi învaţă despre nemurirea sufletului: „Zalmoxis [...] după ce a fost eliberat s-a întors la geţi, le-a întocmit legile [...] şi a îndemnat la bărbăţie pe concetăţenii săi, convingându-i că sufletul este nemuritor"[83], iar pentru serviciile sale este divinizat, devenind cel mai de seamă zeu.

---

[83] Iamblicos, *Viţa lui Pitagora*, XXX, 173, apud Haralambie Mihăilescu, Gheorghe Ştefan, *Op.cit.*, p. 19

Strabon îl prezintă pe „şarlatanul" Deceneu, ca fiind mâna dreaptă a lui Burebista şi imitator al predecesorului său, Zamolxis/Zalmoxis.

ETIMOLOGII ANTICE

Sursele antice transmit numele zeului get în două feluri: Zalmoxis şi Zamolxis. Forma sub care numele apare în primul izvor, cel al lui Herodot, este Zalmoxis[84] – ea mai este documentată şi la Hellanicos, Platon, Mnaseas, Diodor din Sicilia, Apuleius, Lucian, Herodian, Porphyrios, Iamblichos, Hesychios din Alexandria, Iordanes.

Cealaltă versiune – Zamolxis – este întâlnită întâia oară la Strabon şi a fost preluată de Clemens din Alexandria, Origene, Iulian Apostatul, Theodoretos din Cyos, Iordanes (autorul operei *Getica* utilizează ambele grafii), Agathios şi Leon Diaconul.

Porphyrios este singurul dintre scriitorii cei vechi care încearcă să tălmăcească numele de Zalmoxis, filosoful afirmă că adolescentul pe care îl dobândise Pitagora în Tracia avea numele de Zalmoxis, deoarece fusese acoperit la naştere cu o piele de urs. Această sursă relevă faptul că „zalmos" înseamnă „piele", iar numele personajului semnifică „purtător de piele" (blană de urs). Alături de această explicaţie autorul afirmă că după spusele unora, numele de Zalmoxis înseamnă „bărbat străin".

Herodot obişnuia să traducă numele zeilor popoarelor despre care scria, totuşi pentru Zalmoxis nu prezintă nici o traducere şi nu îl identifică cu nici o altă divinitate. Mai târziu, Mnaseas ni-l prezintă ca fiind echivalentul getic al lui Cronos, Porphyrios ne aduce la cunoştinţă că „mai este numit şi Thales, iar barbarii îl adoră ca pe Heracle"[85]. Este posibil ca identificarea lui Zalmoxis cu Cronos să se fi făcut din pricina sacrificiului uman practicat de geţi, cea cu Heracle pentru că era considerat a fi muritor eroizat

---

[84] După unii - Salmoxis

[85] Porphyrios, *Viaţa lui Pitagora*, 14, apud Vladimir Iliescu, Virgil C. Popescu, Gheorghe Ştefan, *Op.cit.*, p. 743

(semizeu, daimon), iar referirea la numele de Thales este posibil să se fi făcut datorită înţelepciunii.[86]

*

Grămătici, poeţi, istorici, geografi şi filosofi din perioada clasică au dedicat credinţelor religioase ale geţilor şi ale dacilor capitole însemnate, acordând în operele lor o atenţie deosebită poveştilor despre Zalmoxis. După cum am observat i s-a spus când Zalmoxis, când Zamolxis. Istoricul Dan Dana afirmă despre Herodot că este singurul care a prezentat informaţii autentice în legătură cu zeul geţilor, ceilalţi autori care au abordat subiectul s-au inspirat din ştirile transmise de „părintele istoriei"[87].

În Evul Mediu numele lui Zalmoxis, al Daciei şi al geto-dacilor vor supravieţui în literatura occidentală de origine germană. Legitimitatea germanilor, noua clasă conducătoare şi elită războinică din Italia, Spania şi din alte state ale Occidentului decăzut era dată de legenda istorică despre viteazul şi înţeleptul popor got, creată de istorisirile lui Iordanes, care compusese o identitate milenară noilor stăpâni ai rămăşiţelor Imperiului Roman şi care aşezase semnul egal între geţi şi goţi. În aceste istorisiri despre goţi, neamurile germanice erau peste tot, dintotdeauna, de la începutul vremurilor, ele invadaseră lumea cunoscută coborând din nordul îngheţat, din Scandza, din „vagina nationum", şi, în lunga lor epopee, ajunseseră până la Troia, se luptaseră cu amazoanele, cu Cirus cel Mare, cu Darius I şi cu împăratul Traian.

Împrumutând de la geto-daci, traci sudici, sciţi şi de la alte popoare, istorii şi fapte, germanii le înglobaseră într-o saga milenară şi deveniseră astfel, din cvasi-anonimii istoriei, făuritorii ei.

Într-o vreme în care pe harta lumii o bună parte din fostul regat al dacilor purta numele de Cumania, numele Daciei era luat de Danemarca, iar regii de naţiune germană ai Spaniei îşi însuşeau faptele de arme ale lui Burebista şi Decebal.

---

[86] Dan Dana, *Op.cit.*, p. 164
[87] *Ibidem,* p. 8

Din zorii cunoaşterii şi până la naşterea ştiinţelor moderne, Zalmoxis/Salmoxis/Zamolxis va fi catalogat drept om, zeu, sclav, rege, legislator sau impostor divinizat; va fi dus de diverşi autori prin Samos, Egipt, Italia, Galia, Danemarca pentru ca la final de secol XIX, într-o perioadă de efervescentă căutare a originilor şi a strămoşilor, el să se întoarcă din nou acasă, să fie revendicat de istoricii români.

Încheiem acest capitol parafrazându-l pe Mircea Eliade: pentru români şi pentru cultura modernă a României, redescoperirea geto-dacilor şi a lui Zalmoxis a readus prestigiul religios primordial pierdut[88].

---

[88] Mircea Eliade, *De la Zalmoxis la Genghis-Han*, Ed. „Humanitas", Bucureşti, p.83

Capitolul 3

EVOLUȚIA TEORIILOR RECENTE

Următoarea expunere are ca obiectiv stabilirea paternității ideilor și catalogarea aportului pe care la adus fiecare erudit. Acest demers este util și pentru a urmării evoluția noilor studii despre credințele și ritualurile tracilor nordici.

Datorită identificării geților cu goții, **Jakob Grimm** făcea analogii între religia geților și păgânismul germanic; autorul îl considera pe Zalmoxis identic cu zeul Wodan, zeu al magiei și al morților, care, mai târziu, în mitologia scandinavă, va purta numele de Odin.[89] Pentru legenda coborârii lui Zalmoxis în locuința subterană, a fost avansată ca analog povestea așezării trupului lui Freyr (zeu al fecundității sau, după alte surse, rege al Suediei) într-o colină decorată cu uși și ferestre, moartea lui este ținută secretă trei ani, timp în care poporul îl consideră ca fiind încă în viață.

Făcând referire la Gebeleizis autorul afirma că acesta ar putea să fie Gibalaiks sau Gibuka, ori Gibaleis[90].

C. Cless spune despre personajul central al religiei geto-dacilor că mai întâi a fost preot, iar apoi s-a identificat cu zeul în slujba căruia se afla, luându-i numele. Autorul asemuiește divinitatea adorată de tracii nord-balcanici cu zeul lituanian al pământului, cu Zemelukus[91].

---

[89] Jakob Grimm, *Uber Jornandes und die Geten,* Berlin, 1846, p. 59, apud Ion Iosif Russu, *Religia geto-dacilor*, Editura Dacica, București, 2009, p. 15

[90] *Idem, Geschichte der deutschen sprache I*, Leipyig, 1868, pp. 130-131, apud I.I. Russu, *Op.cit.*, Loc. cit.

[91] C. Cless, *Real-encyclopadie*, VI, Stuttgart, 1852, pp. 2817-2819, apud I.I. Russu, *Op.cit.* , pp. 15-16

Wilhelm Bessell afirmă că Zamolxis (autorul foloseşte grafia lui Strabon) era divinizat doar de geţi nu şi de daci[92], şi propune pentru numele zeului traducerea: „a trăi sub pământ", „cel care trăieşte sub pământ".

Robert Roesler referindu-se la religia strămoşilor noştri, spune că marii preoţi ai dacilor erau un fel de Dalai Llama, iar Zalmoxis era preot al celui mai slăvit zeu, al lui Gebeleizis. Autorul ne aduce la cunoştinţă că geţii adorau şi un zeu al războiului[93].

W. Froehner făcând referire la obiceiurile geţilor de a lansa săgeţi spre cer pe timp de furtună şi de a trimite lui Zalmoxis un mesager o dată la cinci ani, afirmă că săgetarea cerului este o reacţie împotriva zeului lor, acesta, nesatisfăcând dorinţele exprimate de popor, este ameninţat[94].

Wilhelm Tomaschek spune că Zalmoxis este un zeu al naturii, şi îl compară cu Rudra (zeul trăsnetelor din panteonul hindus), cu Rbhus (zeu al vegetaţiei), cu Thor şi Odin. Autorul ajunge la concluzia că cei trei ani petrecuţi de Zalmoxis în locuinţa subterană, corespund celor trei luni ale iernii, când întreaga natură este moartă. Divinitate naturistă a geţilor, apoi şi a dacilor, Zalmoxis este prezentat drept „Zeus şi Hades, Hermes şi Dionysos, Kronos şi Heracle în una şi aceeaşi persoană".[95] În această succesiune de divinităţi sunt sesizabile identificări propuse de sursele antice Cronos şi Heracle, dar şi zeităţi supreme (Zeus), naturaliste (Dionysos), vedice şi germanice. Tomaschek îl consideră pe Gebeleizis sinonim cu Zalmoxis,

---

[92] Wilhelm Bessell, *De rebus Geticis*,1854, pp. 42-51, apud I.I. Russu, Op.cit. p. 16

[93] Robert Roesler, *Das vorromische Dacien*, Viena, XLV, 1864, pp. 314-380, apud I.I. Russu, *Op.cit.*, p. 16

[94] W. Froehner, *La colonne Trajane*, Paris, 1865, pp. 32-34, apud I.I. Russu, *Op.cit.*, p. 17

[95] W. Tomaschek, *Die alten Thraker, Viena*, II, 1884, p.62 apud Dan Dana, *Op.cit.*, p. 221

spune că este „aruncătorul de fulgere", iar numele său original ar fi Sibeleizis sau Zibeleizis, autorul face o paralelă între acest nume şi numele zeului trac Zibeltiurdos.[96]

Carl Gooss afirmă despre Zalmoxis că era o zeitate solară, acest fapt rezultă din obiceiul geţilor de a săgeta cerul înnorat, pentru a prevenii acoperirea zeului lor, Soarele, de către nori. Autorul îl identifică pe Zalmoxis cu Ares, deoarece i se aduceau jertfe sângeroase[97].

Grigore Tocilescu este cel care realizează în 1880 prima sinteză românească despre Zalmoxis, el afirmă că zeul geţilor îşi luase numele de la „mantaua ce purta", iar sacrificiile sângeroase şi coborârea în încăperea subterană demonstrează că Zalmoxis nu este nimeni altul decât zeul Dionysos/Sabazios care coborâse în infern după mama sa, şi, în cinstea căruia tracii închinau sacrificii şi banchete.

Cu privire la mesagerul aruncat în suliţe, Tocilescu conchide: dacă nu murea înseamnă că era pedepsit de Zalmoxis să rămână în viaţă, să continue să trăiască printre oameni, nu i se permitea astfel accesul în locaşul zeului, adică nu i se permitea accesul la nemurire, lipsindu-l de fericirile eterne şi de belşugul din cealaltă lume[98].

K. Mullenhoff afirmă că la geţi exista şi cultul Vestei (Hestia) zeiţa vetrei, a focului.[99]

A. D. Xenopol spune că:

> „Religia geţilor, deşi de la început politeistă ca aceea a tuturor tracilor, s-a schimbat prin învăţăturile lui

---

96 *Ibidem,* pp. 60-66 apud Dan Dana, *Op.cit.,* p. 234
97 Carl Gooss, *Skizzen zur culturgeschichte der mittleren Donaugegenden,* XIV 1877, pp. 119-124, apud I.I. Russu, *Op.cit.,* p. 17
98 Grigore Tocilescu, *Dacia înainte de romani,* Bucureşti, 1880, pp. 320-324
99 K. Mullenhoff, *Deutsche altertumskunde,* III, Berlin, 1892, pp. 125-163, apud I.I. Russu, *Op.cit.,* p. 19

Zamolxis într-o religie reflexivă care poartă în sine caracterul dualist al învăţăturii lui Ormuz şi Ahriman, a rasei iranice de care geto-dacii se apropiau mai mult [...] religia lui Zamolxe nu era decât o reproducere, în formă nouă, a cultului lui Zaratustra, amestecat cu alte elemente...”[100]

Erwin Rohde este de părere că geţii îl aveau ca zeu doar pe Zalmoxis, ei trag cu arcul în nori spre a risipi furtuna, deoarece cel care tună şi fulgeră nu este un zeu adevărat, ci este un duh sau un vrăjitor.[101]

G. I. Kazarov ajunge la concluzia că forma corectă a numelui zeului este Zalmoxis, acesta poate fi un „barengott”, adică un „zeu-urs”; el este stăpân al infernului şi locuieşte într-o peşteră. Autorul este de părere că „nemurirea” geţilor era de esenţă primitivă, deoarece ideea de „suflet”, pentru ei, era necunoscută.[102]

Vasile Pârvan, în *Getica. O protoistorie a Daciei,* îi transformă pe geţi într-un popor idilic, înzestrat cu însuşiri nobile, curat sufleteşte, ce aspira la nemurirea sufletului şi care dispreţuia viaţa trupească:

„Trupul este o împiedicare pentru suflet de a se bucura de nemurire: de aceea nu are nici un preţ, poftele lui nu trebuie ascultate. La război el trebuie jertfit fără părere de rău. Omul nu poate ajunge la nemurire decât curăţindu-se de orice fel de patimă: carnea, vinul, femeile sunt o murdărie a sufletului. Mai ales vinul aduce ticăloşirea omului: în numele divinităţii, marele preot al naţiunii cere distrugerea viţei de vie în întregul regat. Nimic deci din nebunia dionysiacă traco-phrygică nu e admis sau tolerat la Geţi. Oameni sfinţi vor fi la ei

---

[100] A.D. Xenopol, *Istoria românilor din Dacia Traiană,* Editura ştiinţifică şi enciclopedică, Bucureşti, 1985, pp. 94-95
[101] Erwin Rohde, *Seelenkult und unsterblich-keitsglaube der Griechen,* Freiburg – Leipzig, 1894 pp. 319-322, apud I.I. Russu, *Op.cit.,* p. 20
[102] G. I. Kazarov, „Zalmoxis”, în *Klio,* 1912, pp: 355-364, apud I.I. Russu, *Op.cit.,* Loc.cit.

asceţii care nu vor să mai ştie nici de lume, nici de femei, ci în renunţarea la orice bucurie a trupului, se devotează gândului bun despre nemurirea de dincolo de viaţa trupului. Căci abia prin moarte omul înviază la viaţa cea veşnică."[103]

„Zeul e în cer, iar nu pe pământ. El e cerul senin: tulburarea firii e adusă de demonii răi ai furtunilor, norilor, grindinei; de aceea Getul ajută zeului suprem la liniştea lumii, trăgând el însuşi cu arcul în norii ce ascund şi întunecă faţa zeului din cer. Şi tot de aceea zeul e adorat în munţii înalţi în singurătatea unde numai vulturii, iar nu oamenii mai pot urca. Acolo sus, pierdut de lume şi cercetat numai de rege, ca să-i afle sfatul la caz de primejdie, stă marele preot. Templul şi locuinţa lui e într-o peşteră..."[104]

„De abia o dată la 4 ani, naţiunea aduce Zeului – unul singur şi, ca zeu suprem, după câte se pare, fără tovarăş femeiesc – jertfa cea mai înaltă: un om căruia i se ia viaţa de carne, spre a i se dărui cea de spirit, întru marea misiune de a purta sus în cer doleanţele şi rugăciunile naţiunii. Şi această jertfă e aşa de sfinţită încât dacă cel aruncat în vârfurile de lănci nu moare, nu înseamnă că zeul are milă de el şi-i lasă viaţa, ci, dimpotrivă, că-l osândeşte la moartea eternă a vieţii trupului şi-l socoteşte nevrednic de a se arăta înaintea sa. Ferice de cel ce aruncat în lănci, pierde viaţa trupului, spre a se deştepta în viaţa cea veşnică la zeul din cer. Şi tot aşa, când patria nu mai poate fi apărată, regele şi fruntaşii se ucid, când soţul moare, soţia se ucide. Iar a murii moarte de război e tot ce poate fi mai ferice pentru un get."[105]

„Avea zeul din cer un nume? Grecii credeau că da şi i-au zis când Gebeleizis, când Zalmoxis. Părerea noastră însă e că acestea sunt simple atribute explicative ale puterii ori înfăţişării divinităţii."[106]

„Total deosebiţi de thraci care sunt politeişti, geţii se arată în credinţele lor henoteişti [...] Acest henoteism idealist face pe Greci să caute explicaţii pentru prezenţa

---

103 Vasile Pârvan, *Getica. O protoistorie a Daciei*, Cultura Naţională, Bucureşti, 1926, p. 151
104 *Ibidem*, pp. 151-153
105 *Ibidem*, pp. 154-155
106 *Ibidem*, p. 155

lui la nişte barbari, fie în filosofia lui Phytagoras, fie în filosofia religioasă egipteană."[107]

Andrei Nour, în privinţa nemuririi şi a naturii uraniene a zeului, împărtăşeşte opinii similare cu V. Pârvan:

> „Era de ajuns ca solul să fi atins pământul înainte de a-şi da sufletul, ca întregul sacrificiu să fi fost pângărit [...] şi să trebuiască a fi repetat. În această credinţă stă adânca concepţie religioasă uraniană a lui Zalmoxis [...] Odată pornit de pe pământ, solul nu se mai putea întoarce viu, ci în puterea acelei zvârliri către cer, sufletul trebuia să-şi continue drumul, şi dezbrăcat de haina pământească să se înfăţişeze zeului numai duh"[108]...
> „Astfel cel care era indicat de sorţi primea jertfa cu nespusă bucurie, căci avea prilejul să se urce la zeu, în ceruri, să ia parte la ospăţul său şi să se împărtăşească cu nemurirea."[109]

K. Meuli îl compară pe Zalmoxis cu Abaris, numindu-l şaman sau „prototip mitologic de şaman"[110].

Nicolae Iorga afirmă despre religia profetului, apoi zeului Zamolxis, că este o ramură a celei trace amestecată cu unele cunoştinţe medicale.[111]

Carl Clemen spune că Zalmoxis, numit de greci Kronos, a fost zeu al morţilor, dar şi geniu al vegetaţiei, asemenea lui Dionysos.[112]

---

[107] *Ibidem*, pp. 156-157

[108] Andrei Nour, *Cultul lui Zalmoxis. Credinţe,rituri şi superstiţii geto-dace*, Editura Antet XX Press, Filipeştii de Târg, Prahova, 2010, p. 54

[109] *Ibidem,* p. 56

[110] K. Meuli, „Scythica", în *Hermes*, LXX, 1935, pp. 121-176 apud I.I. Russu, *Op.cit.* , p. 22

[111] Nicolae Iorga, *Istoria Românilor I* , Bucureşti, 1936, pp. 78-81 apud I.I. Russu, *Op.cit.* , pp. 22-23

[112] Carl Clemen, *Zalmoxis,* în Zalmoxis. Revue des etudes religieuses, II, Bucureşti, 1939, pp. 53-62 apud I.I. Russu, *Op.cit.*, p. 23

Ioan G. Coman este de părere că Zalmoxis, înainte de a se numi aşa, era un zeu fără nume, deoarece nu putea fi numit, el fiind o forţă excepţională ce călăuzea destinul nemuritor al geţilor. Coman creează analogii între „zalmoxism" şi creştinism, văzându-l pe Zalmoxis ca pe un Iisus al geţilor. În opinia domniei sale, cele două divinităţi se apropie una de cealaltă prin faptul că îşi divinizează adoratorii, iar geţii au îmbrăţişat creştinismul fiind convinşi că Zalmoxis le-a dat acest sfat[113].

I.G. Coman afirmă:

> „Zalmoxis era şeful suprem al naţiunii getice şi al lumii. El singur susţine şi garantează viaţa poporului său atât aici, cât şi dincolo. El era izvorul hotărârilor regale; el sfătuia regele şi naţiunea prin marele preot pentru actele politice, sociale, morale şi religioase. El era oracolul suprem al naţiunii. El era educatorul naţiunii prin preoţii săi, care predicau doctrina zalmoxeeană. Contactul cu Zalmoxis se făcea numai în spirit, prin meditaţie, rugăciune, sfinţenie. Se făceau probabil libaţiuni de miere şi lapte la locul de rugăciune. Spiritualismul şi nemurirea zalmoxeeană au insuflat rasei noastre virtuţile ei neînfrânate. Prin ele am durat dea lungul veacurilor. Prin universalismul şi nemurirea zalmoxeeană creştinismul a pătruns uşor şi adânc în sufletul strămoşilor noştri."[114]

Ion Iosif Russu, autor a numeroase cărţi despre istoria şi limba geto-dacilor, spune că:

> „numele purtat de marele zeu getic era ZAMOLXIS"[115] [...] „Semnificaţia însăşi a cuvântului Zamolxis, precum arată etimologia lui, nu a fost iniţial nimic altceva decât

---

[113] Ioan G. Coman, „Zalmoxis, un grand probleme gete", în *Zalmoxis*, 1939, pp. 79-110 apud I.I. Russu, *Op.cit.*, p. 23

[114] Ioan G. Coman, *Zalmoxis*, în „Gîndirea", Anul XX, nr.1, ianuarie 1941, pp. 24-27.

[115] Ion Iosif Russu, *Op.cit.*, p. 44

«pământ», personificat apoi ca divinitate a naturii, sfântă putere htonică."[116]

Cu privire la Gebeleizis, autorul îl consideră zeu al fulgerului, diferit de Zamolxis, şi îl pune în legătură cu obiceiul geţilor de a săgeta cerul înnorat.

Constantin Daicoviciu crede că, deoarece Herodot l-a nominalizat pe Zalmoxis ca fiind zeitatea supremă a geţilor, unii erudiţi au tras concluzia falsă că religia lor era monoteistă sau henoteistă[117]. Acelaşi autor, într-o altă lucrare propune următoarea traducere pentru partea finală a pasajului în care Herodot vorbeşte despre săgetatul cerului:

> „...când tună şi fulgeră, (geţii) trag cu săgeţile spre cer, ameninţând zeul, căci (ei) cred că (cel care tună şi fulgeră) nu este alt zeu decât al lor (adică Zalmoxis-Gebeleizis). Reiese prin urmare, nu numai că Herodot nu afirmă în nici un fel unicitatea lui Zalmoxis (sau Gebeleizis), ci că acest Gebeleizis, zeu al tunetelor şi al fulgerelor, zeu uranian, este alături de Zalmoxis (zeu htonian şi poate principala zeitate getică) unul din zeii Daco-Geţilor."[118]

În opinia lui C. Daicoviciu trasul cu săgeţi în nori nu reprezintă o ameninţare la adresa zeului sau a unor demoni, ci un act de cult.

Hadrian Daicoviciu, fiul lui Constantin Daicoviciu, afirmă:

> „Se poate însă prea bine să fi avut loc şi la daci un fenomen observat la alte popoare pe măsura înaintării lor spre orânduirea împărţită în clase şi spre organizarea

---

[116] *Ibidem*, p. 56
[117] Constantin Daicoviciu, *La Transylvanie dans l'antiquite*, Bucureşti, 1945, p. 71 apud I.I. Russu, *Op.cit.*, p. 24
[118] *Idem, Herodot şi pretinsul monoteism al geţilor*, Editura Apulum, Alba-Iulia, 1944, pp.90-93, apud Ion Nania, „Au fost dacii politeişti?", în *Noi Tracii*, Anul III, nr. 39, 1977, pp. 2-3

de stat. În acest proces social-politic, vechile divinităţi populare au cedat treptat locul zeilor consideraţi ca protectori ai aristocraţiei, ai regelui şi ai statului. De obicei aceste divinităţi erau solare şi nu-mi vine deloc greu să-mi închipui că nobilii daci, în compunerea numelui cărora intra particula – bostes însemnând «strălucit, luminos», preferau să-l adore pe cerescul Gebeleizis decât pe străvechiul Zamolxis al plugarilor şi păstorilor."[119]

Mircea Eliade, marele istoric al religiilor, analizând ştirile despre încăperea subterană în care Zalmoxis a stat vreme de trei ani, afirmă:

> „Retragerea într-o ascunzătoare sau coborârea într-o cameră subterană sunt echivalentul ritualic şi simbolic cu o «katabasis», cu un «descensus ad infernos» întreprins în vederea unei iniţieri."[120]
> „A coborî în infern înseamnă a cunoaşte «moartea iniţiatică», experienţă susceptibilă de a întemeia un nou mod de existenţă. «Dispariţia» (ocultarea) şi «reapariţia» (epifania) unei fiinţe divine sau semi-divine (rege mesianic, profet, mag, legislator) este un scenariu mitico-ritual destul de frecvent în lumea mediteraneană şi asiatică."[121]

Vorbind despre imortalitatea oferită geţilor, autorul ne transmite:

> „Zalmoxis poate fi descris după cum urmează: el este un daimon sau un theos care «revelează» o doctrină escatologică şi «întemeiază» un cult iniţiatic de care depinde regimul ontologic al existenţei post-mortem."[122]
> „Zalmoxis nu se inserează sistemului de mitologii, credinţe şi tehnici şamaniste sau şamanizate. Elementele cele mai caracteristice ale cultului său («andreon» şi

---

[119] Hadrian Daicoviciu, *Dacii*, Editura Hyperion, Chişinău, 1991, p. 132
[120] Mircea Eliade, *De la Zalmoxis la Genghis-Han*, Editura Humanitas, Bucureşti, 1995, pp. 35-36
[121] *Ibidem*, pp. 36-37
[122] *Ibidem*, pp. 39-40

banchetele, ocultarea «în locuinţa subterană» şi epifania după patru ani, «imortalizarea» sufletului şi învăţătura privind existenţa preafericită în altă lume), îl apropie pe Zalmoxis de mistere."[123]

Ion Horaţiu Crişan este de părere că Zalmoxis nu a fost zeul suprem al geto-dacilor, ci un profet zeificat, în fruntea panteonului aflându-se Marele Zeu, cunoscut şi sub numele de Gebeleizis[124].

Sorin Paliga, lingvist şi profesor universitar, afirmă:

„Anticii erau [...] conştienţi de arhaicitatea lui Zamolxis, de unde şi asocierea Zamolxis-Kronos [...] Kronos (care nu trebuie confundat cu chronos «timpul») reprezintă prima generaţie de zei arhaici pre-indo-europeni, iar Zamolxis trebuie să fi fost – conform acestei tradiţii – la fel de vechi precum Kronos la greci."[125]

După cum se observă, avem de-a face cu o multitudine de interpretări, pe toate acestea le vom analiza în capitolul următor.

---

[123] *Ibidem,* p. 51
[124] Ion Horaţiu Crişan, *Spiritualitatea geto-dacilor, Editura* Albatros, Bucureşti, 1986, p. 377
[125] Sorin Paliga, *Mitologia tracilor*, Meteor Press, Bucureşti, 2008, p. 17

Capitolul 4

MITURILE MODERNE

Un număr considerabil de lucrări dedicate religiei geto-dacilor au fost publicate de istorici străini şi români. Discuţiile din epoca modernă cu privire la credinţele religioase ale strămoşilor poporului român au dat naştere la numeroase teorii, astfel îşi fac apariţia în scrierile erudiţilor concepte ca henoteism, religie totemică, cult iniţiatic, şamanism, triadă divină etc...

CARACTERUL RELIGIEI GETO-DACILOR

Încă din secolul al XVIII-lea, caracterul religiei geto-dacilor a reprezentat problema esenţială cu care s-au confruntat învăţaţii. Din pricina surselor, unele dintre ele redactate confuz sau având informaţii contradictorii, nu s-a ajuns la un punct de vedere unanim acceptat. Absenţa unor rezultate admise de toţi erudiţii se datorează şi cercetătorilor, a căror opinii subiective au dus la „interpretarea în fel şi chip" a documentelor antice, cum spunea Lucian Blaga.

Încercarea de a stabili care era numărul şi numele zeităţilor ce populau viaţa spirituală a tracilor nordici a dat naştere mai multor teorii:
– prima afirmă că geţii şi dacii aveau o religie monoteistă;
– a doua o consideră a fi henoteistă;
– a treia înclină spre un dualism de tip iranian;
– iar cea de a patra, susţine că religia geto-dacilor era similară cu a celorlalte popoare indo-europene, adică politeistă.

Monoteismul
Ideea că geţii se închinau unui singur zeu îşi are originea în două propoziţii care aparţin lui Herodot, acesta spune:

„(geţii) cred că nu mor şi că cel care dispare din lumea noastră se duce la zeul Zalmoxis. Unii dintre ei îi mai spun şi Gebeleizis"[126] [...] „(geţii) trag cu săgeţile în sus, spre cer şi ameninţă divinitatea, deoarece ei cred că nu există un alt zeu în afară de al lor."[127]

Unii învăţaţi au tras concluzia că zeul geţilor avea două nume, că Zalmoxis mai era numit şi Gebeleizis; astfel, cuvintele „Părintelui istoriei" reprezentau mărturia că geţii cunoşteau un singur zeu. În sprijinul acestei teorii a fost invocat şi faptul că nici un autor din antichitate nu pomeneşte un alt nume de zeitate getică (o să vedem că lucrurile nu stau chiar aşa). Lipsa dovezilor din literatura antică despre existenţa unui panteon la geţi şi la daci, alături de fraza „ei cred că nu există un alt zeu în afară de al lor", confirmă pentru unii erudiţi că ramura de nord a tracilor diviniza un „zeu unic".

J. Grimm, E. Rohde, I. Coman au susţinut teza monoteismului. Ion Iosif Russu, adversar înverşunat al acestei teorii afirmă că Vasile Pârvan este cel care a acreditat ideea „monoteismului" geto-dac, spunând despre capitolul al treilea din opera Getica: „capitolul despre religia geto-dacilor este unul din cele mai puţin valabile, în ceea ce priveşte interpretarea şi concluziile, din această carte glorioasă"[128]. Comentând opiniile lui Pârvan cu privire la credinţele religioase ale strămoşilor noştri, Russu continuă: „avem de a face cu o gravă denaturare a valorii textelor antice privind credinţele şi viaţa sufletească a geţilor"[129]. Russu nu-şi îmblânzeşte critica la adresa lui Pârvan şi îl acuză că nu este consecvent în declaraţii, deoarece după ce afirmă că Zalmoxis şi Gebeleizis erau atribute ale puterii zeului unic, admite existenţa unei divinităţi feminine, adorată de femeile geţilor.

În apărarea lui Vasile Pârvan vin afirmaţiile lui Ion Horaţiu Crişan, acesta spune:

---

[126] Herodot, *Istorii*, IV, 94, apud Vladimir Iliescu, Virgil C. Popescu, Gheorghe Ştefan, *Op.cit.*, p. 49
[127] *Ibidem*, Loc. cit. apud *Ibidem*, Loc.cit.
[128] Ion Iosif Russu, *Op.cit.*, p. 30
[129] *Ibidem*, p. 32

„Lui V. Pârvan i se atribuie în mod cu totul greşit că ar fi susţinut monoteismul religiei geto-dacice. De fapt, Vasile Pârvan era de părere că geto-dacii ar fi fost henoteişti."[130]

Henoteismul

V. Pârvan: „Total deosebiţi de thraci – care sunt polytheişti – geţii se arată în credinţele lor henotheişti"[131]. Termenul de henoteism a fost pus în circulaţie în anul 1878 de către sanscritologul englez F.M. Muller şi reprezintă o formă de religie în cadrul căreia credincioşii se închină unui singur zeu, fără a exclude existenţa altora. Ar fi vorba despre o etapă de tranziţie de la politeism la monoteism, în care una dintre divinităţi devine zeitate principală, singura adorată.

Alături de monoteism, teza henoteismului este susţinută de anumiţi teologi, care bazându-se pe credinţa în nemurirea sufletului încearcă să creeze o punte între religia geto-dacilor şi creştinism.

Dualismul

Ipoteza că geţii ar fi cunoscut două divinităţi opuse a fost lansată la mijlocul secolului al XVIII-lea de către W. Bessell, acesta îşi justifică ideea amintind pe Zalmoxis şi Gebeleizis, singurele nume transmise de Herodot în legătură cu religia geţilor.[132]

A.D. Xenopol (1847-1920) afirmă: religia geţilor, la început a fost politeistă, iar apoi, prin învăţăturile lui Zalmoxis, s-a transformat într-o religie dualistă, o formă nouă a cultului lui Zaratustra, cu un zeu al binelui, reprezentat de Zamolxis (Ormuz) şi un zeu al distrugerii, războiului şi morţii – tălmăcit de scriitori sub numele de Ares sau Marte, despre a cărui existenţă la geţi avem

---

[130] Ion Horaţiu Crişan, *Spiritualitatea geto-dacilor*, Editura Albatros, Bucureşti, 1986, p. 431
[131] Vasile Pârvan, *Op.cit.*, p. 156
[132] Wilhelm Bessell, *De rebus Geticis*,1854, pp. 42-51, apud Dan Dana, *Op.cit.*, p.226

mărturii de la Ovidiu şi Vergiliu.[133] Zamolxis, iniţial mare preot al zeului Gebeleizis „el însuşi fu înzeit" şi identificat cu zeul pentru care slujea; iar celelalte zeităţi trace, precum Bendis şi Hermes nu le găsim amintite la geţi, deoarece religia lor era o formă curată a dualismului religiei iranice.[134]

O interpretare izolată este cea a polonezului Stanislaw Schneider, acesta afirmă că Zamolxis vine de la numele fenician a lui Moloh, care înseamnă dragon sau „rege al şerpilor", care trăieşte în grote şi îi reprezintă pe strămoşi, iar Gebeleizis este o divinitate diferită, opusă lui Zalmoxis/Zamolxis. Astfel la geţi ar fi existat un dualism divin, urano-htonian.[135]

Politeismul

Termenul reprezintă o religie care recunoaşte existenţa mai multor divinităţi. Cu toate că izvoarele scrise ale antichităţii sunt zgârcite în relatări despre divinităţile geto-dacilor, majoritatea cercetătorilor au ajuns la concluzia că religia strămoşilor noştri avea un caracter politeist. Acest lucru este argumentat cu ajutorul dovezilor literare şi arheologice, care demonstrează că la nord de munţii Haemus exista o religie indo-europeană.

Zeităţile indo-europene erau patroane ale forţelor naturii, stăpâne ale pământului, cerului, apei, focului, lunii, soarelui, fulgerului, ale animalelor şi plantelor; ele erau ierarhizate într-un panteon, după importanţa acordată de credincioşi.

Argumente literare şi arheologice care susţin existenţa unei religii politeiste la geto-daci:

Lucian din Samosata afirmă că „sciţii şi geţii [...] zeifică pe cine vor, în acelaşi fel în care şi Zamolxis, deşi sclav, a

---

[133] A.D. Xenopol, *Istoria românilor din Dacia Traiană*, Editura ştiinţifică şi enciclopedică, Bucureşti, 1985, pp. 94-95
[134] *Ibidem, Loc. cit.*
[135] S. Schneider, *Oare geţii credeau într-un singur Dumnezeu? Studiu de religie şi de mitologie comparată*, Cracovia, 1905, pp. 5-32, apud Dan Dana, *Op.cit.*, p. 242

fost trecut pe lista zeilor"[136]. Iamblichos, făcând referire la Zalmoxis, spune: „Şi pentru că a învăţat pe geţi aceste lucruri şi le-a scris legile este socotit la ei drept cel mai mare dintre zei"[137], după afirmaţiile filosofului grec, Zalmoxis era cel mai mare dintre zei, deci existau şi alte divinităţi mai puţin importante decât el; o afirmaţie similară face şi Strabon:

> „Mai întâi [Zamolxis] s-ar fi făcut preot al zeului cel mai slăvit la ei, iar după aceea a primit şi numele de zeu"[138], „mereu se găsea cineva gata să-l sfătuiască pe rege – şi acelui om geţii îi spuneau zeu."[139]

Iordanes afirmă despre Deceneu: „i-a învăţat (pe geţi) teologia, i-a sfătuit să cinstească anumite divinităţi şi sanctuare, făcându-i preoţi" – deci nu să cinstească o divinitate, ci divinităţi, la plural.

Pentru mulţi cercetători, interpretarea acestor surse revelează existenţa mai multor zei în panteonul geto-dacilor. Posibile nume ale acestora sunt prezente în literatura antică şi modernă:

Zeul războiului – Existenţa lui în panteonul tracilor nordici este atestată de literatura antică:

> „getul care se închină lui Marte"[140]; „Mars Gradivus, care ocroteşte ogoarele geţilor."[141]
> „Şi într-atât au fost de lăudaţi (geţii), încât se spune că la ei s-a născut Marte, pe care înşelăciunea poeţilor l-a făcut zeu al războiului [...] Pe acest

---

[136] Lucian, *Adunarea Zeilor*, 9, apud *Ibidem*, p. 615
[137] Iamblichos, *Viaţa lui Pitagora*, XXX, 173, apud Haralambie Mihăilescu, Gheorghe Ştefan, *Op.cit.*, p. 19
[138] Strabon, *Geografia*, VII, 3, 5, C.297, apud Vladimir Iliescu, Virgil C. Popescu, Gheorghe Ştefan, *Op.cit.*, pp. 330-331
[139] *Ibidem*, C.298, *Ibidem*, p. 331
[140] Ovidiu, *Tristele*, 5, 3, 21-22, apud Vladimir Iliescu, Virgil C. Popescu, Gheorghe Ştefan, *Op.cit.*, p. 299
[141] Vergiliu, *Eneida*, III, 34-35, apud *Ibidem*, p. 205

Marte, goții (geții) totdeauna l-au înduplecat printr-un cult sălbatic...”[142]

„dacii, moesi și tracii au fost întotdeauna așa de războinici, încât legendele spun că zeul Marte s-a născut în țara lor.”[143]

Mărturisirile făcute de poeții Ovidiu și Vergiliu, împreună cu afirmațiile istoricului got Iordanes – amintesc despre existența unui zeu al războiului la daci, din păcate, nici unul dintre acești autori nu utilizează numele local al zeului războiului, ci ne transmit echivalentul său în limba latină, Marte, pe care romanii îl considerau a fi tatăl legendarilor Romulus și Remus, strămoșii fondatori ai Romei. În mitologia greacă, zeul războiului era Ares, fiul lui Zeus și al zeiței Hera, el reprezenta războiul în forma lui cea mai brutală și sângeroasă, fără onoare, fără strategie, doar conflict.

La Ocnița (Ocnele Mari, jud. Vâlcea) s-a descoperit în anul 1973 o mască de bronz, de 18 cm, cu influențe greco-romane și celtice, reprezentând un tânăr. Dumitru Berciu este de părere că ea îl redă pe zeul războiului, același autor afirmă că obiectul de cult, unic în lumea nord dunăreană de la sfârșitul secolului I a.Chr., a fost realizat într-un atelier local.

Eruditi de seamă împărtășesc ideea că în sistemul religios al strămoșilor noștri geto-daci a existat, cu certitudine, un zeu al războiului, care corespundea lui Ares-Marte greco-roman și care se bucura de o deosebită venerație, deoarece geții se închinau la el ca la un părinte (cum spune Iordanes).

Derzelas – La sud de Dunăre, în spațiul populat de geți, au fost descoperite inscripții grecești și latine care precizează numele unei divinități: Derzelas, Darzala, Derzis, Derzo. Se pare că acest zeu local a fost adoptat de

---

[142] Iordanes, *Getica*, 41, apud H. Mihăilescu, Ghe. Ștefan, *Op.cit.*, p. 413
[143] Vegetius, *De re militari*, 1. 28, apud Hadrian Daicoviciu, *Op.cit.*, p. 127

unele colonii greceşti de la Pontul Euxin (Histria, Odessos), iar în epoca romană este asemuit cu Hercule Invictus[144], nume ce apare des întâlnit pe inscripţii din Dacia romană.[145]

A fost catalogat de I.I. Russu drept un zeu dătător de vigoare şi sănătate, iar I.H. Crişan este de părere că fiind divinizat doar la nord de Munţii Haemus (Balcani), înseamnă că era o divinitate locală, deci făcea parte din panteonul geto-dacilor[146].

Dabatopeios – În două inscripţii gravate cu caractere greceşti, descoperite în Bulgaria, este menţionat zeul Dabatopeios sau Dabatopienos, al cărui nume nu se mai întâlneşte în altă parte.

Pe una din inscripţii se poate citi: „Zeului prea milostiv Hephaistos Dabatopienos (a pus această piatră) Marcius Capito, libertul lui Quintilus Capito, prefect al pretoriului, pentru sănătatea sa şi a patronului"[147]. S-a ajuns la concluzia că ar fi vorba despre o divinitate autohtonă, asemănătoare cu Hephaistos (Şchiopul) – zeul focului, al metalurgiei şi al fierarilor din mitologia greacă. Romanii îi spuneau Vulcan, simbolurile lui erau ciocanul, nicovala şi cleştii înroşiţi în foc.

Divinitatea fluviului (poate un Poseidon/Neptun al Dunării) – Gramaticul Servius, în secolul al IV-lea p.Chr., povesteşte despre daci, că ei, înainte de a porni la luptă, aveau obiceiul să bea apă din Istru, ca pe un vin sacru, şi să jure că nu se vor întoarce până nu îşi vor ucide duşmanii. Din această relatare rezultă sacralitatea Dunării. Acest ritual aminteşte despre un relief de pe Columna lui Traian în care este reprezentat Danubius, zeul roman al Dunării, prezenţa acestuia pe columnă poate fi o „interpretatio romana" a unui zeu autohton.

---

[144] *Invictus*, epitet utilizat de romani pentru unele divinităţi, în traducere înseamnă *Invincibil*.
[145] Ion Horaţiu Crişan, *Op.cit.*, p.409
[146] *Ibidem, Loc.cit.*
[147] *Ibidem*, p. 410

Marele Zeu şi **Marea Zeiţă** – Ion Horaţiu Crişan interpretează reprezentările figurative antropomorfe şi animaliere de pe unele obiecte confecţionate din aur, argint şi ceramică provenite din tezaurele descoperite între Balcani şi Carpaţi, ca fiind ilustraţii ale unor divinităţi. După opinia autorului, această iconografie sacră îi reprezintă pe Marele Zeu şi Marea Zeiţă. Cea mai frecventă scenă întâlnită în „epoca de aur" a aristocraţiei getice este cea a unui personaj masculin, acesta este redat în două ipostaze: şezând pe tron şi călare. El apare pe cnemida 1 de la Agighiol, pe obrăzarul drept al coifului de la Băiceni, pe apărătoarea de ceafă şi pe obrăzarele coifului de la Agighiol, pe plăcuţele de la Letniţa, pe centura descoperită la Loveţ, pe două dintre falerele de la Lupu şi pe vasele de lut de la Zimnicea şi Răcătău.[148]

Acelaşi autor apreciază că Marele Zeu al geţilor era reprezentat printr-un complex de simboluri: „un vultur cu corn ce ţine în cioc un peşte şi în gheare un animal ce pare a fi un iepure"[149], şi conchide că scena indică o divinitate supremă masculină atestată arheologic pe întreaga durată a istoriei geţilor, în stăpânirea căreia intra cerul, apele şi pământul, iar numele zeului ne stă la îndemână din textul lui Herodot, acesta fiind Gebeleizis, care mai târziu a fost identificat cu Zalmoxis[150].

La populaţiile indo-europene, zeul suprem era însoţit de o divinitate feminină: la greci – perechea lui Zeus era Hera, la romani – soţia lui Jupiter era Iunona; în opinia lui Crişan, la geţi cuplul primordial era format din Marele Zeu şi Marea Zeiţă. Autorul remarcă faptul că cele două zeităţi supreme sunt prezente în toate tezaurele dacice de argint păstrate întregi. Pe obiectele de argint şi pe vasele de lut, chipul zeiţei este redat după acelaşi model: are faţa rotundă, părul lung, împletit în două codiţe, ori pieptănat sub forma a două bucle. Zeiţa apare reprezentată astfel pe fibulele de la Bălăneşti şi Coada Malului, pe falerele

---

[148] Ion Horaţiu Crişan, *Op.cit.*, p. 357
[149] *Ibidem,* 358
[150] *Ibidem,* p. 359

tezaurului descoperit la Herăstrău şi pe cele de la Lupu. Ion Horaţiu Crişan afirmă că zeiţa ar putea fi Bendis, divinitate adorată de tracii sudici, identificată de antici şi moderni cu Artemis a grecilor[151].

Artemis, zeiţa virgină, acest fătoi care colinda pădurile cu arcul la umăr, era faimoasă în întreaga lume elenistică pentru castitatea ei, pentru pedepsele pe care le aplica bărbaţilor care aveau „norocul" să o vadă goală în timp ce se îmbăia în iazuri şi râuri. Ni se pare neverosimil să fie catalogată de Crişan drept soţie, această divinitate care jurase că nici un bărbat nu o va atinge.

Bendis – Săpăturile întreprinse la cetatea dacică Piatra Roşie au scos la lumină un bust din bronz ce înfăţişează o divinitate feminină. Ipoteza că aceasta este Bendis, zeiţa protectoare a femeilor, a fecundităţii, a lunii, farmecelor şi vânătorii a devenit plauzibilă după ce în sanctuarul I de la Sarmizegetusa a fost scos la iveală, în urma săpăturilor arheologice, un medalion din lut ars, cu diametru de aproximativ 10 cm, care imită un denar roman, pe reversul „monedei" găsindu-se imaginea zeiţei Diana cu tolba de săgeţi pe umăr.[152]

O altă descoperire efectuată în cetatea de la Costeşti, justifică existenţa unui rit, la geto-daci, analog cu cel al Dianei-Artemis-Bendis. Este vorba de un cap din bronz, care o înfăţişează pe aceeaşi zeiţă, opera de artă este de provenienţă elenistică.

Herodot ne informează că Bendis era adorată de femeile tracilor, iar cultul ei a fost împrumutat în Grecia din miazănoapte.

Zeiţa focului sfânt – Diodor din Sicilia vorbeşte despre zeiţa Hestia[153], de la care Zalmoxis ar fi primit legile, adică învăţătura religioasă. Această divinitate era protectoarea vetrei şi a focului casnic, de la Herodot ştim

---

[151] *Ibidem,* p. 368
[152] Hadrian Daicoviciu, *Dacii*, Editura Hyperion, Chişinău, 1991, p. 133
[153] Zeiţa vetrei şi a focului la greci.

că sciţii se închinau la ea şi că în limba lor îi spuneau Tabiti. La Roma i se spunea Vesta, puritatea ei era personificată printr-un foc sacru, păzit de preotese virgine, foc ce nu trebuia să se stingă niciodată[154]; preotesele cultului, trebuiau să-şi păstreze fecioria, dacă încălcau această cerinţă erau condamnate la moarte.

Descoperirile arheologice de vetre frumos ornamentate indică existenţa unui cult al vetrei la geto-daci. Vatra este punctul central al locuinţei, este locul în jurul căruia se adună familia, locul în care se spun poveşti şi în care se planifică strategii. Este locul în care se găteşte şi locul care încălzeşte, paza lui revenea femeilor, lucru ce ne face să credem că ele, femeile dacilor, cinsteau cu fidelitate o divinitate a vetrei, a căldurii şi a comuniunii, similară cu Hestia-Vesta-Tabiti.

Ideea că Zalmoxis nu ar fi fost singurul zeu este susţinută şi de existenţa mai multor tipuri de sanctuare (circulare şi patrulatere), descoperite în aşezările din munţii dacilor. Hadrian Daicoviciu afirmă că acest fapt pledează pentru caracterul politeist al religiei geto-dacilor; în acelaşi sens fiind grăitoare şi gruparea lăcaşurilor de cult din „aşezările de la Costeşti şi Sarmizegetusa (foarte aproape unele de altele)”, lucru greu de admis ca ele să „fi fost consacrate unei singure şi unice divinităţi”[155].

*

După cum se observă, vocile cele mai reprezentative, care au adus în discuţie problematica religiei strămoşilor noştri, au căzut de acord că în arealul locuit de geto-daci, pe lângă nume cunoscute ca Zalmoxis/Gebeleizis, întâlnim şi numele altor personaje supranaturale. Literatura şi arheologia au scos la iveală „chipuri cioplite” şi „icoane” ale zeului războiului, ale eroului, ale zeiţei Bendis, este amintit chiar şi un zeu faur.

---

[154] Ion Horaţiu Crişan, *Op.cit.*, p. 399
[155] Hadrian Daicoviciu, *Op.cit.*, p. 127

MITUL LUI ZALMOXIS ÎN EPOCA MODERNĂ

Zalmoxis: om, daimon sau zeu?

Dacă majoritatea autorilor antici îl vedeau pe Zalmoxis drept sclav al filosofului Pitagora din Samos, pentru învăţaţii moderni el devine zeul geţilor, preotul divinizat sau semizeul care intermediază legătura muritorilor cu divinitatea.

François Hartog îşi pune întrebarea fundamentală: „Cine este Salmoxis sau Zamolxis, sau Zalmoxis? Este el om, demon sau zeu?".[156]

Herodot, după ce ne vorbeşte despre un **ZEU** din nord, pe nume Zalmoxis, care promite geţilor nemurirea, relatează şi poveştile grecilor despre **SCLAVUL** Zalmoxis, care câştigându-şi libertatea a strâns bogăţii mari şi întors în patria natală a apelat la un truc pentru a-i păcălii pe compatrioţii săi „săraci cu duhul", convingându-i să-l divinizeze. La Strabon, personajul get este tot fiinţă umană, sclav instruit în taine pitagoreice şi egiptene, dar nu mai propovăduieşte nemurirea, acum este **CITITOR ÎN STELE** şi desluşeşte nobililor semnele cereşti, această abilitate propulsându-l în funcţia de asociat la guvernare ca preot al zeului cel mai venerat, pentru ca apoi, impresionându-şi audienţa, va avea să fie ridicat la rang divin. Porphyrios şi Iamblicos au făcut din Zalmoxis **DISCIPOL** al filosofului Pitagora, iar Platon introduce ideea de **VINDECĂTOR**, povestind întâlnirea dintre Socrate şi un medic trac care descrie o metodă de vindecare pe care o ştia de la **REGELE** şi zeul Zalmoxis.

Sclav-şarlatan care îi păcăleşte pe geţi să i se închine ca unui zeu, aceasta este imaginea lui Zalmoxis, moştenită din literatura antică, cea modernă nu se lasă mai prejos şi ne oferă o evoluţie la fel de spectaculoasă a personajului.

Ion Horaţiu Crişan reexaminând textul lui Herodot, constată că Zalmoxis este pomenit în trei feluri, la început

---

156 Fr. Hartog, *Le miroir d`Herodote,* Paris, 2001, p. 164, apud Dan Dana, *Op.cit.*, p.21

este numit daimon[157] şi zeu, iar în capitolul următor este descris drept sclav al lui Pitagora[158].

Controversa asupra calităţii de om, de semizeu sau de zeu a personajului Zalmoxis a început cu primele ştiri care fac referire la el şi nu s-a încheiat nici până astăzi. Crişan este de părere că Zalmoxis nu a fost zeu suprem, ci preot al celui mai slăvit zeu al geţilor, al Marelui Zeu, care purta numele de Gebeleizis[159].

Robert Roesler (savant german) îl consideră pe Zalmoxis tot **PREOT** sau **PROFET** a lui Gebeleizis. Ajungând a fi divinizat, Zalmoxis instituie un regim teocratic, dominat de marii preoţi daci.[160]

C. Cless distinge între un zeu Zamolxis şi un profet Zamolxis – acest profet, divinizat de credincioşi ar fi luat numele zeului în slujba căruia era (opinia aceasta o împărtăşeşte şi Nicolae Iorga).

Vasile Pârvan respinge categoric orice afirmaţie despre originea umană a zeului geto-dac; I.I. Russu este de părere că numele Zamolxe/Zamolxis (aceasta este grafia folosită de Russu) derivă de la cuvântul getic *zamol-*, care înseamnă pământ, iar din pământul dătător de viaţă şi belşug a fost creată figura unui zeu antropomorf, după chipul şi înfăţişarea credincioşilor.

> „Astfel i-a naştere din noţiunea «pământ» un «anthropodaimon» Zamolxis"[161], căruia imaginaţia poporului, şiretenia preoţilor sau inventivitatea grecilor îi creează o biografie, „Dar cum îndeobşte se admite, «întreaga poveste e o naivitate raţionalistă grecească» şi o deformaţie a unei legende miraculoase"[162]; „Zamolxe n-a putut fi vreodată popă ori profet («abil uzurpator» al

---

[157] A nu se confunda cu *demonul* din religia creştină. Cuvântul *daimon* provine din mitologia greco-latină şi reprezintă o fiinţă semi-divină care intermediază relaţia oamenilor cu zeii.

[158] Ion Horaţiu Crişan, *Op.cit.*, p. 370

[159] *Ibidem*, p. 377

[160] Robert Roesler, *Das vorromischen Dacien,* pp. 357-368 apud I. I. Russu, *Op.cit.* , p. 16

[161] Ion Iosif Russu, *Op.cit.*, p. 60

[162] *Ibidem*, p. 62

lui Gebeleizis), misionar ori reformator naţional get, dar nici slugă şi ucenic al lui Pitagora, ori călător prin Egipt, precum n-a fost şaman, vrăjitor sau şarlatan, ori «cerul senin» (al lui Pârvan)"[163].

Zamolxis era zeul pământului – aceasta este teza lui Ion Iosif Russu.

A. Nour este de părere că „era zeu; aşa îl adorau geţii"[164] şi **deosebeşte în ştirile despre Zalmoxis două concepţii, una a grecilor care analizează originea umană a lui Zalmoxis şi cea a geţilor care îl consideră zeu**. Autorul argumentează natura divină a personajului, folosind pasaje din Herodot: „cei răposaţi merg la zeul Zalmoxis", „ei cred că nu există alt zeu afară de al lor"[165].

Mircea Eliade afirmă că este posibil ca la un moment dat, datorită transformărilor suferite de religia geto-dacilor, să fi avut loc identificarea între zeu şi marele preot, care sfârşeşte prin a fi divinizat sub acelaşi nume. Eliade îl descrie pe Zalmoxis ca fiind:

> „un **DAIMON** sau un theos care «revelează» o doctrină escatologică şi «întemeiază» un cult iniţiatic de care depinde regimul ontologic al existenţei post-mortem;"[166] „Zalmoxis nu este o fiinţă supra naturală de tip cosmic, considerat a se afla acolo de la începutul tradiţiei, ca alţi zei traci de care vorbeşte Herodot (Ares, Artemis)."[167]

Dan Oltean îl consideră pe Zalmoxis (al cărui nume îl scrie Zalmoxes) un intermediar între zei şi oameni, un *daimon:*

---

[163] *Ibidem*, p.60

[164] Andrei Nour, *Cultul lui Zalmoxis. Credinţe,rituri şi superstiţii geto-dace*, Editura Antet XX Press, Filipeştii de Târg, Prahova, 2010, p. 31

[165] Herodot, *Istorii*, IV, 94, apud Vladimir Iliescu, Virgil C. Popescu, Gheorghe Ştefan, *Op.cit.*, p. 49

[166] Mircea Eliade, *De la Zalmoxis la Ghengis-Han*, Editura Humanitas, Bucureşti, 1995, p. 39

[167] *Ibidem*, p. 40

„Este la fel ca Orfeu sau Iisus un om devenit daimon, care suferă moartea inițiatică și apoi învie, dovedind că atingerea nemuririi este posibilă [...] Nu este nici zeul suveran, nici zeul războinic și nu se identifică total nici cu zeitatea agricolă."[168]

După D. Oltean, rolul lui Zalmoxis/Zalmoxes, ca zeu intermediar, „care mediază zeii cu oamenii și divinitățile între ele este bine atestat în mitologiile indo-europene"[169].

În *Istorii*, Herodot are obiceiul de a identifica zeii altor popoare cu zeii grecilor, pe Isis o identifică cu Demetra, pe Osiris cu Dionysos, exemplele sunt nenumărate, excepție fac Cybele (Mama zeilor din Frigia, Turcia de azi), Pleistoros (zeu al tracilor sudici căruia i se aduceau sacrificii umane, identificat eronat în unele interpretări moderne ca zeul dac al războiului) și Zalmoxis al geților, căruia i se atribuie în unele variante ale textului și denumirea de *daimon*.

Hesiod, în *Munci și zile*, folosește termenul *daimon* pentru a se referii la oamenii superiori din punct de vedere moral care au trăit în perioada „vârstei de aur" și care după moarte au devenit *daimones*, păzitori ai celor vii și dătători de belșug. Platon așează *daimon*-ul pe poziția dintre zei și muritori, iar Diogene Laertios, în opera *Despre viețile filosofilor*, consideră că zeii cei adevărați locuiesc în *aither* (cerul, spațiul), iar *daimonii*, populează cerul de jos și exercită o influență directă asupra oamenilor.

Zalmoxis, care pentru antichitatea clasică era sclavul preferat a lui Pitagora, va reapărea în literatura secolelor al XIX-lea și al XX-lea ca divinitate. Schimbarea de identitate, metamorfoza de la om la zeu, s-a făcut după ce ucenicia sa pe lângă Pitagora, privită cu suspiciune de Herodot, a început să primească același tratament și din partea modernilor.

---

[168] Dan Oltean, *Religia dacilor*, Editura Saeculum, București, 2008, p. 58
[169] *Ibidem*, p. 58

Numele zeului

De la primele relatări antice şi până astăzi, grafia numelui zeului/daimonului/profetului geto-dac este întâlnită sub mai multe forme, cele mai populare şi cele mai vechi sunt: Zalmoxis şi Zamolxis (este evident că una din forme derivă din cealaltă). Istoriografia modernă mai adaugă şi altele: Zalmolxis, Zamolxe etc...

Forma Zalmoxis este utilizată de V. Pârvan, M. Eliade, P. Alexandrescu, I. Marazov, I.H. Crişan.

M. Praetorius, W. Bessell şi I.I. Russu pledează pentru forma Zamolxis, ei apelează la această variantă pentru a-şi argumenta teoriile cu privire la natura htoniană a zeului.

Există nenumărate studii şi controverse în legătură cu forma corectă, majoritatea erudiţilor sunt de părere că numele autentic al divinităţii era *Zalmoxis*. În sprijinul acestei grafii vine argumentul că este cea mai veche, fiind utilizată încă din secolul al V-lea a.Chr., de asemenea, inscripţia descoperită în anul 1959 la Histria, inscripţie care relevă numele unei căpetenii getice, Zalmodegikos, ar indica faptul că *Zalmoxis* este grafia corectă a numelui.

Etimologii

Identitatea lui Zalmoxis fluctuează între divinitate htonian-argrară şi zeu urano-solar; este considerat a fi zeu urs (patron al unei religii totemice), şaman, frate cu Dionysos, Tatăl zeilor.

Zalmoxis, zeul-urs – După cum am observat în capitolele precedente, filosoful Porphyrios afirmă că Zalmoxis înseamnă „purtător de piele", pornind de la această etimologie se va aduce în discuţie că cel „îmbrăcat în piele de urs" era un „barengott", un zeu-urs, un zeu al naturii.

James George Frazer lansează teoria despre o **religie totemică** la geţi, autorul face aluzie la obiceiul de a înveli copiii la naştere într-o blană de urs – acesta fiind indiciul existenţei unui totem al ursului, totem în care se preschimbă geţii după ce mor.[170]

A.B. Cook inspirat de teza lui Frazer şi bazându-se pe afirmaţiile lui Porphyrios, este de părere că Zalmoxis era numele tracic al lui Zeus nou-născut (autorul pledează pentru această opinie aducând drept argument o legendă din Cyzic, în apropiere de Hellespont, unde se povesteşte că doicile lui Zeus au fost preschimbate în ursoaice).[171]

Pentru Rhys Carpenter, Salmoxis (aceasta este grafia utilizată aici) este un daimon îmbrăcat într-o blană de urs, care se retrage într-o peşteră pentru a hiberna, acolo în acea captivitate autoimpusă el posteşte vreme îndelungată, pentru ca, apoi, să se reîntoarcă printre oameni.[172] Pentru Beleizis – „nu Gebeleizis cum insistă unii editori de manuscrise să scrie numele"[173] – autorul propune varianta Meleizis, care înseamnă „mâncător de miere".

În sprijinul ipotezei despre existenţa unei religii totemice au fost aduse drept argument statuetele zoomorfe descoperite pe teritoriul Daciei, dar Vasile Sârbu şi Gelu Florea spun că această ipoteză trebuie respinsă, „întrucât totemurile, în general nu sunt reprezentate prin figurine, iar marea varietate de specii animale este prea mare, chiar dacă este vorba de o uniune de triburi"[174].

Zamolxis, *cel care locuieşte sub pământ* – Pentru M. Praetorius, forma primară a numelui este Zamolxis, autorul îşi lansează etimologia în anul 1688, folosind vechiul cuvânt slav „zamol", care înseamnă „pământ".[175]

---

[170] J.G. Frazer, *Le Totemisme. Etude d`ethnographie comparee*, Paris, 1898, p. 49, apud Dan Dana, *Op*.cit., p. 241

[171] A.B. Cook, *Zeus. A Study in Ancient Religion*, I, New York, 1965, pp. 226-230, apud *Ibidem*, Loc.cit.

[172] Rh. Carpenter, *Folk Tale, Fiction and Saga in the Homeric Epics*, University of California Press, Berkely & Los Angeles, 1946, pp. 113-115

[173] *Ibidem*, p. 124

[174] Valeriu Sîrbu şi Gelu Florea, *Imaginar şi imagine în Dacia preromană*, Editura Istros, Brăila, 1997, p. 85

[175] Ion Iosif Russu, *Op.cit.*, p. 46

C. Cless, în anul 1852, îl compară pe Zamolxis cu zeul lituanian al pământului, cu Zemeluks (Ziameluks).

Autorul german Wilhelm Bessell optează tot pentru forma Zamolxis, propunând etimologia „a trăi sub pământ"[176], ipoteza lui Bessell pleacă de la povestea încăperii subterane spusă de Herodot.

În România, în partea a doua a secolului al XX-lea, lingvistul clujean, Ion Iosif Russu (1911-1984) publică un studiu despre religia geto-dacilor, autorul examinează sursele literare şi etimologiile, remarcând faptul că în acea vreme aportul arheologiei era aproape nul. Russu abordează religia getică influenţat de studiile occidentale şi de poziţiile lingviştilor germani din secolul al XIX-lea, el insistă asupra existenţei a doi zei diferiţi, Zamolxis şi Gebeleizis; Zamolxis, zeul pământului, fiind principala divinitate.

I.I. Russu spune:

> „Zamolxe, zeitate autohtonă la geţi, nu poate fi decât «zeu al pământului», ca personificare a generosului fundament şi izvor al vieţii, care suportă şi hrăneşte pe oameni, şi care-i primeşte în sânul său după ce şi-au încheiat traiul acesta de chinuri şi bucurii."[177]

Russu recunoaşte că această formă a numelui nu este cea mai vechie, dar o consideră ca fiind cea corectă: „Astăzi nu mai poate exista nici o îndoială că forma genuină, etimologică, a numelui purtat de marele zeu getic era ZAMOLXIS"[178]. Dorind să-şi valideze afirmaţia, autorul porneşte de la soluţia etimologică propusă de M. Praetorius şi va raporta numele lui Zamolxis la numele zeului lituanian al pământului Zemeluks, va cita paralela cu zeiţa traco-elenică Semele şi apoi afirmă că la baza cuvântului Zamol-, stă indo-europeanul *g `hem*-e/ol-, care înseamnă pământ. Mai face apel la slavul *zemlja* şi

---

[176] W. Bessell, *Op.cit.*, apud Dan Dana, *Op.cit.*, p.226
[177] Ion Iosif Russu, *Op.cit.*, p. 52
[178] *Ibidem,* p. 44

latinescul *humus*, cuvinte care înseamnă tot *pământ*. Pentru Russu, Zamolxis este zeul pământului, întruparea anotimpurilor, este cel care îi hrăneşte şi ocroteşte pe oameni.

Alte etimologii – Paul Kretschmer, deşi constată că numele Zalmoxis/Salmoxis este prezent în sursele cele mai vechi, optează pentru varianta propusă de Strabon – Zamolxis. În 1935, lingvistul german aduce drept paralelă pentru prima parte a numelui Zamol-, cuvântul frigian *zemelen* (om) şi numele zeiţei Semele (divinitate a pământului şi mamă lui Dionysos). Pentru partea finală a numelui, afirmă că elementul *-xis* se explică prin elementul scitic *xais*, care înseamnă „rege", astfel, în opinia lui Kretschmer, Zamolxis înseamnă „**Regele oamenilor**".[179] I. Coman împărtăşeşte o idee similară: „Numele însuşi al lui Zalmoxis înseamnă, în limba traco-scită: **„Rege, Stăpân de oameni**"[180].

Nicolae Densuşianu (1846-1911), în voluminoasa lucrare intitulată *Dacia preistorică*, este de părere că numele Zalmoxis are în componenţa sa două elemente şi un adaos grecesc. În opinia domniei sale, primul element „Zal" ar însemna *zeu*, „mox" ar reprezenta cuvântul *moş*, iar „is" ar fi adaosul grecesc.

„Zalmoxis = Saturnus senex = Zeul-moş"; deci, „din punct de vedere al etimologiei, Zal-mo-xis este **Zeul-moş**"[181] – adică cel mai vechi zeu, un zeu strămoş, **tatăl zeilor**, un Saturn al geţilor.[182]

Lucrarea lui Densuşianu, calificată de V. Pârvan drept „roman fantastic", va reprezenta punctul de plecare al tracomaniei.

---

[179] P. Kretschmer, „Zum Balkan-Skythischen", în *Glota*, 24, 1936, pp. 37-55, apud Dan Dana, *Op.cit.*, p. 247
[180] Ioan G. Coman, *Zalmoxis*, în „Gîndirea", Anul XX, nr.1, ianuarie 1941, pp. 24
[181] Nicolae Densuşianu, *Dacia preistorică*, Bucureşti, Ed. Arhetip, 2002, pp. 68-69
[182] Ipoteza are la bază afirmaţia lui Mnaseas: „geţii cinstesc pe Cronos, numindu-l Zalmoxis". Cronos al grecilor este unul şi acelaşi cu Saturn al romanilor.

Bulgarul D. Decev după ce constată că menţiunile cele mai vechi sunt Zalmoxis/Salmoxis şi că în limba tracă *zalmos* ar avea sensul de „protecţie" nu de „piele", lansează afirmaţia că numele zeului ar însemna **„Rege-Protector"**.[183]

Se scrie şi se fabulează mult pe această temă, deoarece informaţiile originale sunt insuficiente, nesatisfăcătoare, contradictorii. Cert este că desluşirea numelui a fost, este şi va ramâne disputată.

Zalmoxis – zeu htonian, al vegetaţiei şi al naturii, „frate cu Dionysos"

În a doua parte a secolului al XIX-lea cea mai răspândită opinie îl vedea pe zeul get ca o variantă a lui Dionysos, acesta era la greci şi traci, zeul vegetaţiei, al vinului, al extazului şi fertilităţii, identificat uneori cu Sabazios şi numit Dionysos-Sabazios. Această divinitate a extazului provocat de alcool, purta la romani numele de Bachus.

Camille de La Berge, unul dintre adepţii acestei teorii, afirmă că religia lui Zalmoxis este cea a zeului trac neepurată, „păstrând grosolănia şi ferocitatea primitivă"[184], iar retragerea lui Zalmoxis în încăperea subterană ar corespunde coborârii lui Dionysos în Infern.

Abdolonyme Ubicini se aliază teoriei şi afirmă că dispariţia temporară a lui Zalmoxis este o reproducere a coborârii în infern, reprezentând o „imagine a dispariţiei trecătoare a soarelui în timpul iernii şi a reîntoarcerii sale primăvara".[185]

---

[183] D. Decev, *Zalmoxis*, pp. 173-175, apud Dan Dana, *Op.cit.*, p. 249

[184] C. de La Berge, Essai sur le regne de Trajan, Paris, 1877, pp. 31-32, apud Dan Dana, *Op.cit.*, p. 232

[185] A. Ubicini, *Les origins de l`histoire roumanie*, Paris, 1886, p. 36, apud *Ibidem,* p.232

Teza a fost dezvoltată şi de C. Guthrie, pentru el, Zalmoxis este un zeu frate cu Dionysos.[186]

În pofida tuturor acestor afirmaţii, asocierea celor două personaje nu apare în nicio sursă antică.

Pentru Wilhelm Tomaschek (1841-1901) – Zalmoxis este un spirit al naturii care petrece trei ani sub pământ, pentru ca în al patrulea an să revină la suprafaţă. Autorul face o analogie între cifra trei, a anilor petrecuţi sub pământ şi cele trei luni de iarnă care sunt urmate de primăvară. El îl compară pe Zalmoxis cu Heracle/Hercule, deoarece ambii poartă piei (semizeul grec poartă pielea unui leu, iar zeul get a fost învelit la naştere cu pielea unui urs). În opinia lui Tomaschek, Zalmoxis este un zeu al naturii, un *Naturgott*.[187]

Carl Clemen este de părere că dispariţia lui Zalmoxis vreme de trei ani reprezintă un indiciu că acesta este un zeu al vegetaţiei, dar şi al morţilor. Autorul enunţă ca analog legenda morţii lui Freyr (divinitate a fertilităţii sau, după alte surse, rege al Suediei; decesul său este ţinut secret, trupul îi este depus sub o movilă în care s-a vărsat aur, argint şi fier prin trei ferestre timp de trei ani). În secolul XX, această legendă va fi folosită în literatura germană pentru a susţine teoriile legate de credinţa în nemurire şi de cultul sufletelor, Mircea Eliade adaugă: „comparaţia a putut fi avansată numai pentru că Zalmoxis era considerat zeu al pământului, al agriculturii şi în consecinţă analog lui Freyr"[188].

Franz Rolf Schroder afirmă că Zamolxis este o divinitate htoniană, al cărui nume este asemănător cu cel al divinităţii baltice a pământului, Zemeluks.

I.I. Russu, făcând referire la Zamolxis, afirmă:

> „Natura lui htonică-agrară era simbolizată cum s-a spus,
> în primul rând prin funcţia ce i se atribuia în legătură cu

---

186 W.K.C. Guthrie, Les Grecs et leurs dieux, Paris, 1956, pp. 197-199, apud *Ibidem*, p. 238
187 W. Tomaschek, Die alten Traker, II, pp. 62-67, apud *Ibidem*, p. 235
188 Mircea Eliade, *Op.cit.*, p. 57

creşterea tuturor vietăţilor, încolţirea seminţelor din pământ şi dezvoltarea plantelor, a căror fiinţă este condiţionată de dărnicia pământului: de aceasta depinde întreaga natură vie, care, după moartea din timpul iernii, îşi reia cursul normal primăvara odată cu reactivarea fertilităţii pământului; este veşnicul circuit al morţii şi revenirii vieţii, idee esenţială în religiile naturiste."[189]

Constantin Daicoviciu analizând spusele lui Herodot, susţine existenţa a două divinităţi getice: zeul suprem, dar nu şi unic, pe nume Zamolxis şi zeul fulgerelor, uranianul Gebeleizis. Daicoviciu nu exclude posibilitatea ca cele două divinităţi să se fi confundat într-una singură ce posedă două nume şi două aspecte (htonian şi celest)[190].

Teoria unei religii dominată de doi zei, unul stăpân în cer iar altul pe sau sub pământ este întâlnită şi la I.I. Russu.

Hadrian Daicoviciu, fiul lui Constantin Daicoviciu, apără opiniile lui Russu şi pe cele ale tatălui său, istoricul afirmă despre Zamolxis:

„El este un zeu al pământului, al vegetaţiei, al rodniciei. În credinţa geţilor el împărţea omenirii cele trebuincioase traiului: lui i se datorau recoltele bogate, lui trebuia să i se mulţumească pentru prosperitatea turmelor de animale, pentru produsele pădurilor, pentru vânat şi peşte. Bunătatea şi puterea lui Zamolxis făceau ca natura amorţită de gerurile iernii să reînvie primăvara; în această legendă reapariţia zeului după anii petrecuţi în locuinţa subterană capătă semnificaţia unui simbol religios, dându-ne, în acelaşi timp, o indicaţie suplimentară cu privire la lăcaşul zeului: pământul sau, mai bine zis, împărăţia subpământeană."[191]

Savanţii care pledează pentru natura htoniană a lui Zamolxis/Zalmoxis îşi susţin afirmaţiile în special cu

---

[189] Ion Iosif Russu, *Op.cit.*, p. 56
[190] C. Daicoviciu, *Herodot şi pretinsul monoteism al Geţilor* , Apulum, 1944-1945, pp. 90-93 apud Dan Dana, *Op.cit.*, p. 334
[191] Hadrian Daicoviciu, *Dacii,* Editura Hyperion, Chişinău, 1991, p.130

exemple lingvistice, ei mai fac apel la povestea cu încăperea subterană şi la comparaţii cu divinităţi ale pământului din panteonul indo-european, în special divinităţi de origine tracică sau baltică.

Zalmoxis, zeu celest

Această teorie s-a născut în prima parte a secolului al XX-lea, când Zalmoxis începe să fie detaşat de cultul orgiastic al lui Dionysos şi să fie văzut ca o divinitate celestă.

Savantul francez Georges Seure, pornind de la un studiu al reprezentărilor iconografice, afirmă că tracii îi redau figura zeului Zbelsourdos sub trăsăturile lui Zeus cu două atribute: fulgerul şi vulturul, iar Zalmoxis este (ca şi Gebeleizis ori Zbelsourdos) unul din calificativele unui zeu indigen, al cărui nume adevărat nu îl cunoaştem deoarece este unul dintre acele nume care nu trebuia dezvăluit. Autorul ne oferă imaginea unei religii dominate de o divinitate omnipotentă şi anonimă, ce apare la geţi sub diverse nume şi care posedă drept atribute fulgerul (în calitatea sa de stăpân al cerului) şi şarpele (în calitate de suveran al pământului).[192]

Vasile Pârvan, părintele şcolii româneşti de arheologie, publică în 1926, cu puţin timp înainte de dispariţia sa prematură, opera *Getica,* în care respinge teza unui Zalmoxis htonian, creat de savanţii moderni după modelul divinităţilor naturaliste şi orgiastice întâlnite la tracii sudici. Vasile Pârvan spune:

> „Zeul e în cer, iar nu pe pământ. El e cerul senin: tulburarea firii e adusă de demonii răi ai furtunilor, norilor, grindinei; de aceea Getul ajută zeului suprem la liniştea lumii, trăgând el însuşi cu arcul în norii ce ascund şi întunecă faţa zeului din cer. Şi tot de aceea zeul e adorat în munţii înalţi în singurătatea unde numai vulturii, iar nu oamenii mai pot urca."[193]

---

[192] G. Seure, *Les images thraces de Zeus Kerauno: ZBELSOURDOS, GEBELEIZIS, ZALMOXIS, REG,* 26, 1913, pp. 224-261, apud Dan Dana, *Op.cit.*, p. 244
[193] Vasile Pârvan, *Op.cit.*, p. 151

În opinia lui Pârvan, Zalmoxis este zeul cerului senin, adorat în grote pe culmile solitare ale munţilor.

Ioan G. Coman (1902-1987), teolog şi filolog, îi plăcea să se prezinte ca discipol al lui Pârvan, despre a cărui operă spunea: „este o carte ce va rămâne cât va dăinui neamul nostru, o Evanghelie a spiritualităţii geto-dace şi româneşti, o magna charta a începuturilor noastre". Influenţat de părerile marelui istoric, publică mai multe studii despre Zalmoxis, în care accentuează spiritualismul, idealismul, eroismul şi credinţa în nemurire, lansând ideea unui „pre-monoteism" getic şi vede în Zalmoxis un rege, un mare preot, care iniţial era divinizat în cadrul unui cult htonian, şi care mai apoi ajunge să devină zeu al înălţimilor, al cerurilor şi al spiritului.[194] I. Coman afirmă:

> „La început, zeul Zalmoxis era o divinitate a pământului şi a subsolului, o divinitate htoniană. Preotul şi pe urmă zeul Zalmoxis au oficiat şi au locuit în sanctuarul vechiului zeu al Geţilor din muntele Kogaionon. Camera subterană, în care – după Herodot – Zalmoxis a intrat şi de unde a ieşit pentru a dovedi nemurirea, era mormântul vechei divinităţi getice... (la Coman a existat un zeu vechi cu numele de Zalmoxis, apoi un preot/rege a luat numele de Zalmoxis şi apoi a fost considerat zeu) [...] El (Zalmoxis) se înălţă din grotă pe vârful muntelui şi de aci în cerul luminii şi al nemuririi."[195]

Andrei Nour interpretând pasajele lui Herodot, ne spune:

> „Zeul stă deasupra pământului, în cerul senin şi albastru. Când acest cer se îmbrobodeşte de nori, când se dezlănţuie furtuna, când se aud tunete şi se văd fulgere, este semnul că pacea cerului este tulburată. Un zeu duşman a pătruns acolo cu gânduri rele, iar Zalmoxis se apără aruncând trăsnete. În lupta lui intervin

---

[194] Ioan G. Coman, „*Zalmoxis. Un grand probleme gete*", în Zalmoxis, 2, 1939, pp. 79-110, apud Dan Dana, *Op.cit.*, p. 315
[195] Ioan G. Coman, *Zalmoxis*, în „Gîndirea", Anul XX, nr.1, ianuarie 1941, pp. 24-27.

pământenii, care-l ajută cu săgeţile lor. Deci acolo în cer locuieşte permanent Zalmoxis, ca şi Zeus, ca şi Apollo, ca toţi zeii cerului."[196]

Pentru autor, „dovada locuinţei cereşti" o reprezintă sacrificiul uman, în cadrul căruia solul trimis la Zalmoxis „trebuie să moară fără să atingă pământul, fiindcă numai astfel sufletul său, desprinzându-se de trup, îşi poate lua zborul spre a duce zeului misiva credincioşilor săi".[197]

Şamanul Zalmoxis

În secolul al XIX-lea, coborârea lui Zalmoxis în camera subterană era interpretată ca o trăsătură htoniană, un veac mai târziu, această legendă va fi pusă în legătură cu şamanismul[198] şi cu practicile venite din nord, străine de cunoştinţele grecilor.

Karl Meuli, în studiul său intitulat *Scythica,* ajunge la concluzia că din Nordul Mării Negre au venit în Grecia practici de origine şamanică. El îl plasează pe Zalmoxis în categoria vrăjitorilor preoţi, afirmând: „Zalmoxis [...] şaman sau mai degrabă o imagine primordială a unui şaman".[199]

Eric R. Dodds va afirma cu fermitate originea nordică a şamanismului grec. Autorul vede în povestea despre tatuajul lui Zalmoxis o dovadă că acesta a fost şaman, el afirmă că tatuajul indică o practică religioasă:

> „...în Tracia oamenii superiori şi şamanii erau tatuaţi" [...] „şamanul trac Zalmoxis avea un semn tatuat pe frunte, a cărui semnificaţie religioasă scriitorii greci nu au înţeles-o; ei i-au dat o explicaţie povestind cum

---

[196] Andrei Nour, *Op.cit.,* p. 53
[197] *Ibidem, Loc.cit.*
[198] Practici religioase care au ca scop vindecarea şi prorocirea viitorului.
[199] K. Meuli, „Scythica", în *Hermes,* 70, 1935, pp. 121-176, apud Dan Dana, Op.cit., p. 257

Zalmoxis fusese capturat de piraţi şi însemnat cu fierul roşu pentru târgul de sclavi."[200]

Astăzi, calitatea lui Zalmoxis de şaman este văzută ca o fragilă teorie bazată pe speculaţii. Se cunoaşte faptul că religia geto-dacilor era organizată, avea o divinitate supremă, de asemenea, s-au descoperit sanctuare. Cele trei elemente enumerate mai sus ale religiei strămoşilor noştri nu se regăsesc în cultele şamanice, care nu au lăcaşe de cult sau zei, ele venerează spirite ale naturii şi strămoşi.

Zalmoxis, fondatorul unei religii de Mistere
Teoria cea mai invocată este aceea că Zalmoxis a introdus la geţi o religie iniţiatică.

A. Loisy îl pune pe zeul get în legătură cu nemurirea, misterele şi iniţierea, elemente întâlnite şi în cultele lui Dionysos şi Orfeu.[201]

D.M. Pippidi afirmă că textul lui Herodot atestă practica banchetelor rituale în cultul lui Zalmoxis, în cadrul cărora iniţiaţii se împărtăşeau dintr-o anumită băutură sau din anumite bucate, menite să le ofere nemurirea.[202]

Teza despre o religie a geţilor bazată pe mistere va fi desăvârşită de **Mircea Eliade**, cel mai cunoscut istoric al religiilor, va prezenta în 1970 la Paris, o culegere de texte intitulată *De la Zalmoxis la Gengis-Khan*. Studiul său a fost pentru multă vreme unul din cele mai complete despre zeul geţilor. Conform informaţiilor, Zalmoxis îşi practica doctrina cu ocazia **banchetelor** pe care le organiza pentru fruntaşii ţării, în cadrul cărora îi învăţa că nu vor muri ci vor merge într-un loc plin de bunătăţi. Pentru a-i convinge pe acei traci „săraci cu duhul", că cele spuse de el sunt adevărate, s-a ascuns timp de trei ani într-o **încăpere subterană.**

---

[200] Eric R. Dodds, Grecii şi *iraţionalul*, 1951, p. 145 n.44: tatuajul lui Zalmoxis, şaman trac, apud Dan Dana, *Op.cit.*, p. 259
[201] A. Loisy, *Misterele păgâne şi misterul creştin* ,1930, II, 3, apud Dan Dana, *Op.cit.*, p. 265
[202] D.M. Pippidi, *Studii de istorie şi epigrafie*, Bucureşti, 1982, pp. 123-128, apud *Ibidem*, p. 266

Eliade constată că această retragere de câţiva ani a lui Zalmoxis îşi găseşte o paralelă cu o poveste a lui Hermip, în care Pitagora se piteşte timp de şapte ani într-o încăpere subterană:

> „...conform sfaturilor sale, mama sa scrie o scrisoare pe care el o învaţă pe de rost înainte de a o sigila. Când reapare, asemenea unui mort care revine din Hades, Pitagora se duce în adunarea poporului şi se declară capabil să citească textul fără să rupă sigiliul. În urma acestui «miracol», crotoniaţii sunt convinşi de coborârea lui în infern şi cred tot ceea ce le povesteşte el despre soarta rudelor şi prietenilor lor."[203]

Eliade subliniază că povestirile lui Herodot şi Hermip ignoră sau denaturează voit semnificaţia religioasă a faptelor care ni-le comunică:

> „Retragerea într-o ascunzătoare sau coborârea într-o cameră subterană sunt echivalentul ritual şi simbolic cu o «katabasis», cu un «descensus ad infernos» întreprins în vederea unei iniţieri [...] A coborî în infern înseamnă a cunoaşte «moartea iniţiatică», experienţă susceptibilă de a întemeia un nou mod de existenţă. «Dispariţia» (ocultarea) şi «reapariţia» (epifania) unei fiinţe divine sau semi-divine (rege mesianic, profet, mag, legislator) este un scenariu mitico-ritual destul de frecvent în lumea mediteraneană şi asiatică."[204]

De asemenea, marele istoric al religiilor remarcă faptul că andreonul (camera în care Zalmoxis discuta cu fruntaşii ţării despre nemurire) aminteşte de „sala în care Pitagora predica la Crotona şi de camerele în care aveau loc banchetele rituale ale asociaţilor religioasei secte".[205] Pentru Eliade, povestea relatată de Herodot despre Zalmoxis şi despre doctrina lui, a fost integrată de greci „într-un orizont spiritual de structură pitagoreică",

---

[203] Mircea Eliade, *De la Zalmoxis la Genghis-Han*, Editura Humanitas, 1995, p. 35
[204] *Ibidem,* p. 36
[205] Mircea Eliade, *Op.cit.,* p. 34

deoarece aceştia au fost uimiţi de asemănarea dintre cele două personaje.

> „Faptul că Pitagora a fost desemnat ca sursă a învăţăturii religioase a lui Zalmoxis, demonstrează că acest cult al zeului get presupunea credinţa în nemurirea sufletului şi anume rituri de tip iniţiatic."[206]

Zalmoxis este „zeul Misterelor", maestrul iniţierii, cel care oferă imortalitatea. Similitudinile dintre cultul lui Zalmoxis şi cel al lui Pitagora (banchetele, coborârea în încăperea subterană, reapariţia, nemurirea) îl apropie pe zeul geţilor de mistere, aceasta este teza lui Mircea Eliade.

„Prea-marele" Zamolxis, zeu al unei religii aniconice

În opinia lui Sorin Paliga, Zamolxis: *prea-marele, semeţul, prea-înaltul* este singura divinitate traco-dacă propriu-zisă din documentele antice. Cea mai veche formă reconstituită a numelui ar fi Samolxis, la origini divinitate pre-indo-europeană (a adâncurilor, a pământului), care capătă sub influenţă indo-europeană noi epitete, fiind asociat cu cerul şi cu tunetul.

Patron al unui cult iniţiatic şi aniconic, deoarece „nu există nici o reprezentare vizuală a unei divinităţi trace", Marele Zeu geto-dac îşi ascunde sensul real în spatele unor explicaţii pe înţelesul grecilor, cum ar fi cea a *blănii de animal* şi cea a sclaviei pe lângă Pitagora.[207]

Zalmoxis şi triada divină

Georges Dumezil plecând de la faptul că panteonul tracilor era compus dintr-o triadă divină, formată din Ares, Dionysos şi Artemis, la care se adaugă cultul lui Hermes (căruia regii traci pretindeau că îi sunt urmaşi), afirmă că Zalmoxis este unul şi acelaşi cu Hermes, deoarece, după spusele lui Strabon, doar regele avea acces la sanctuarul

---

[206] *Ibidem,* p. 33
[207] Sorin Paliga, *Mitologia tracilor*, Meteor Press, Bucureşti, 2008, pp. 20-24

său[208]. Cu toate că teoria este greu de validat, ea a fost dezvoltată în multe cărţi, iar Zalmoxis a început a fi interpretat ca un Hermes geto-dac, ca un emisar al zeilor.

În opinia lui I.H. Crişan, religia getică era dominată la început de o triadă divină formată din Marele Zeu (de natură urano-solară), Marea Zeiţă (de natură htonian-agrară) şi Zeul Războiului, iar doctrina profetului Zalmoxis susţinea credinţa în nemurire, aceasta fiind accesibilă doar aristocraţilor şi clerului[209]. La Crişan, Zalmoxis joacă rolul lui Hermes, acela de mediator între oameni şi zei.

Istoricul Dan Oltean vorbeşte despre o triadă divină, în cadrul căreia se regăsesc, ca în toate religiile indo-europene, corespondenţi pentru zeul cerului, zeul pământului şi zeul războiului. După părerea domniei sale, la geto-daci, zeii triadei numindu-se Cronos, Thales şi Heracle. Despre Zalmoxis, primul reformator din istoria geţilor, intermediarul dintre zei şi muritori, acelaşi autor spune:

> „...epitetele atribuite de autorii vechi celui care a dat o nouă faţă cultelor triadice stau şi ele mărturie că Zalmoxes a fost preot al celor trei zeităţi primordiale. Mnaseas îl identifică cu zeul Cronos, iar Porphyrios spune despre el că «...mai este numit şi Thales, iar barbarii îl adoră ca pe Heracle» (Viaţa lui Pitagora, 14). Prin Cronos trebuie să înţelegem zeitatea primordială, iar Heracle este, evident, aspectul războinic al manifestării daimon-ului. Thales se traduce în greceşte prin «a înflori», ceea ce înseamnă că epitetul se referă la funcţia agricolă, vegetală.”[210]

Ioan Glodariu şi Vasile Moga analizând tezaurul dacic de la Lupu, descoperit în 1978 în judeţul Alba, afirmă că în

---

[208] Georges Dumezil, *Jupiter, Mars, Quirinus. Essai sur la conception Indo-Europeenne de la societe et sur les origines de Roma*, Paris, 1941, pp. 249-250, apud Dan Dama, *Op.cit.*, p. 288
[209] Ion Horaţiu Crişan, *Op.cit.*, p. 377
[210] Dan Oltean, *Religia dacilor*, Editura Saeculum, Bucureşti, 2008, p. 327

imaginile de pe şapte falere[211] de argint, decorate cu reprezentări antropomorfe şi zoomorfe, apar zeii dacilor. Vulturul şi şarpele reprezintă simboluri ale Zeului Suprem, care îi primea la el pe credincioşii fideli şi care în arta traco-dacică nu are echivalent antropomorf, deoarece, la majoritatea popoarelor aşa zis barbare, crearea de „chip cioplit" a zeului suprem era o blasfemie.

Imaginea Marii Zeiţe apare înaripată şi însoţită de animale, probabil feline mari.

Glodariu şi Moga îşi continuă interpretările cu descifrarea imaginii unui călăreţ aflat în galop, care, în opinia dumnealor, ar reprezenta pe Zeul Războiului, un Marte/Ares autohton, divinitate a violenţei dar şi ocrotitor al ogoarelor pe timp de pace.

După afirmaţiile celor doi istorici, grupul de zei din vârful panteonului geto-dacic era format din: Zeul Suprem/Zalmoxis (cu numele cunoscut de la Herodot), alături de el, varianta lui feminină, Marea Zeiţă (cu numele tot de Zalmoxis, aşa cum apare în lexiconul Suidas/Suda), urmează Zeul Războiului şi Zeul Soarelui[212] (acesta fiind „Strălucitorul" Gebeleizis, un Apollo geto-dac, care apare pe un vas de aur descoperit la Vraţa în Bulgaria).

> „În felul acesta triada este completă şi îi are în componenţă pe **Zalmoxis**, zeul suprem, **Zeul Războiului**, cu nume dacic necunoscut, şi **Gebeleizis**, zeul soarelui, fiecare reprezentând componentele structurii sociale: pătura sacerdotală, cea războinică şi cultivatorii pământului."[213]

Trăgând concluziile, Glodariu şi Moga au ignorat-o pe Marea Zeiţă, care se pare că nu este chiar atât de mare, întrucât nu are loc la masa lui Zalmoxis, Ares şi Gebeleizis.

Sursele de care dispunem sunt prea sărace pentru a susţine existenţa unei religii getice dominată de o triadă divină. Textele şi descoperirile arheologice reprezintă

---

[211] Ornament vestimentar, asemănător unei medalii.
[212] Ioan Glodariu, Vasile Moga, *Tezaurul dacic de la Lupu,* în „Ephemeris Napocensis", IV, 1994, pp. 43-48
[213] Ioan Glodariu, Vasile Moga, *Op.cit.,* p. 48

puţinul care poate fi analizat, iar paralelismele cu alte religii pot fi înşelătoare.

Cultul lui Zalmoxis

Baza cultului o reprezintă **credinţa în nemurire,** la care se adaugă **ritualul sacrificiului uman,** lucrurile acestea le cunoaştem din textul lui Herodot:

> „Iată cum se cred nemuritori geţii: ei cred că nu mor şi că cel care dispare din lumea noastră se duce la zeul Zalmoxis [...] Tot la al cincilea an ei trimit la Zalmoxis un sol, tras la sorţi, cu poruncă să-i facă cunoscute lucrurile de care, de fiecare dată, au nevoie. Iată cum îl trimit pe sol. Unii dintre ei primesc poruncă să ţină trei suliţe [cu vârful în sus], iar alţii, apucând de mâini şi de picioare pe cel care urmează să fie trimis la Zalmoxis şi ridicându-l în sus, îl azvârle în suliţe. Dacă – străpuns de suliţe – acesta moare, geţii socot că zeul le este binevoitor. Iar dacă nu moare, aduc învinuiri solului, zicând că e un om ticălos şi, după învinuirile aduse, trimit un altul, căruia îi dau însărcinări încă fiind în viaţă."[214]

Pentru cultul lui Zalmoxis dispunem doar de izvoare literare, pentru a adâncii drama puţinelor surse scrise, care şi aşa sunt contradictorii, descoperirile arheologice sunt pline de lacune când vine vorba de Zalmoxis şi cultul său, nu există nici o sursă indubitabilă arheologică, nici un text scris în piatră, nici o ilustraţie în artă care să releve cu certitudine o reprezentare a lui Zalmoxis. Avem în schimb interpretări forţate, simplu de demontat şi de abandonat, ca de exemplu: un personaj nud, pictat pe peretele mormântului tracic de la Aleksandrovo din Bulgaria, care posedă, pe lângă micropenis, o secure cu lamă dublă, este identificat de unii moderni cu zeul geţilor, cu Zalmoxis.

De ce personajul mai sus menţionat, îmbrăcat în „costumul lui Adam", care fugăreşte un mistreţ, întruneşte toate calităţile să fie declarat zeitatea supremă a geto-dacilor? Evident de ce, pentru că aveam nevoie de o

---

[214] Herodot, *Istorii*, IV, 94, apud Vladimir Iliescu, Virgil C. Popescu, Gheorghe Ştefan, *Op.cit.*, p. 49

reprezentare antropomorfă a lui Zalmoxis și a fost aleasă aceasta. Astfel de propuneri ne distanțează de profesionalism și ne duc cu gândul la amatori dornici de afirmare care fumează prea multă istorie. Figura respectivă poate să reprezinte o multitudine de personaje din mitologia locală, despre care habar nu avem că au existat.

Cert este că subiectul religiei geto-dacilor a stricat mai multe cărți de istorie decât ori care alt subiect.

O scenă de vânătoare, similară cu cea descrisă mai sus, este întâlnită pe un rhyton de argint descoperit în mormântul de la Golyamata Mogila (tot în Bulgaria), de data aceasta avem două personaje nud care ucid un mistreț, cel mai probabil asistăm la scene de vânătoare inițiatică, în urma cărora tinerii sunt supuși unui test de bărbăție. Mistrețul este hăituit și încolțit cu ajutorul câinilor, aceștia se năpustesc asupra lui și îl mușcă cu ferocitate. Doi vânători tineri, unul înarmat cu suliță, celălalt cu topor, se pregătesc să-i dea bestiei lovitura de grație. Vânătoarea era o îndeletnicire a aristocrației și metodă de trecere de la statutul de băiat la cel de bărbat/războinic.[215]

Vânătoarea este des reprezentată în arta tracică, lucru ce ne relevă locul important pe care îl acordau tracii acestei îndeletniciri.

Cele două opere de artă comentate mai sus au drept sursă de inspirație arta vecinilor greci, tot de la ei ni s-au păstrat în scris diverse mituri care implică vânătoarea, cel mai faimos fiind cel al mistrețului uriaș trimis de zeița Artemis să distrugă recoltele oamenilor care nu îi închinau sacrificii. Atunci, eroi din toată Grecia s-au adunat să organizeze o expediție împotriva mistrețului monstruos numit Vierul Caledonian. Monstrul a fost răpus, iar reprezentări artistice ale triumfului au circulat în toată antichitatea.

---

[215] Daniela Agre, *The Tumulus of Golyamata Mogila*, Publisher Avalon, Bulgaria, Sofia, 2011, pp. 130-134

În arta traco-geto-dacică metoda de prezentare a mesajului transmis poate fi inspirată din alt areal cultural, dar imaginile au însemnătate pentru autohtonii cărora le sunt destinate.

Nemurirea – Elementul central al cultului era imortalitatea, Herodot îi prezintă lumii pe geţi, drept cei „care se cred nemuritori", după altă traducere „cei care ştiu a se face nemuritori".

Pentru unii exista practica de a aşeza în morminte mâncare, băutură, arme, soţia preferată, servitori, animale – deoarece considerau că viaţa de dincolo era concepută ca o continuare a celei pământeşti, mortul având nevoie în noua sa locuinţă (în mormânt) de tot ce avusese şi în viaţa de zi cu zi.

Pentru alţii transformarea trupului într-o grămadă de cenuşă era metoda de a transcende în viaţa viitoare. Riturile funerare merg în paralel, în funcţie de perioadă, unul având întâietate în detrimentul celuilalt.

La grecii vechi, nemuritori erau doar zeii, apoi trecerea omului către ne-moarte a fost făcută de eroi, care după ce îşi sfârşeau viaţa terestră, se zice că ajungeau în câmpiile Elizee, pe Insulele Fericiţilor. Spiritele grecilor de rând, păşind dincolo de hotarele vieţii, trebuiau să depăşească numeroase probe, cum ar fi să treacă de poarta păzită de câinele Cerber, apoi să străbată râul Styx, pentru a ajunge pe malul celălalt, unde Hades oferea viaţă veşnică[216], o viaţă veşnică cufundată în uitare, unde răposaţii bâjbâiau pentru eternitate aidoma unor umbre pe tărâmul lumii de dincolo.

La geţi, nemurirea era propovăduită de Zalmoxis cu ocazia banchetelor rituale, în cadrul cărora le spunea fruntaşilor ţării că „nici el, nici oaspeţii săi şi nici unul dintre urmaşii acestora nu vor muri, ci vor merge într-un anume loc unde vor avea parte de toate bunătăţile"[217].

---

[216] Andrei Nour, *Op.cit.*, pp. 68-70
[217] Herodot, *Istorii*, IV, 95, apud Vladimir Iliescu, Virgil C. Popescu, Gheorghe Ştefan, *Op.cit.*, p. 49

S-au purtat îndelungi discuţii despre modul în care geţii credeau că trăiesc veşnic, „ei cred că nu mor şi că cel care dispare din lumea noastră se duce la zeul Zalmoxis"[218], aceste discuţii au dus la apariţia a două teorii: **credinţa în suflet** (acesta fiind o entitate spirituală, nemuritoare, independentă de trup) şi o **post-existenţă** similară cu cea de pe pământ, dar mult mai fericită (cum spunea Lucian Blaga).

Conceptul de suflet nemuritor este întâlnit la Vasile Pârvan, A. Nour, Mircea Eliade şi I.H. Crişan. În opinia lui V. Pârvan, geţii cred că această viaţă va continua pe lângă zeul lor Zalmoxis, într-un fel de Walhalla getică:

> „Sufletul e nemuritor. Trupul este o împiedicare pentru suflet de a se bucura de nemurire: de aceea nu are nici un preţ, poftele lui nu trebuie ascultate. La război el trebuie jertfit fără părere de rău. Omul nu poate ajunge la nemurire decât curăţindu-se de orice fel de patimă: carnea, vinul, femeile sunt o murdărie a sufletului. Mai ales vinul aduce ticăloşirea omului: în numele divinităţii, marele preot al naţiunii cere distrugerea viţei de vie în întregul regat. Nimic deci din nebunia dionysiacă traco-phrygică nu e de admis sau tolerat la Geţi. Oameni sfinţi vor fi la ei asceţii care nu vor să mai ştie nici de lume, nici de femei, ci în renunţarea la orice bucurie a trupului, se devotează gândului bun despre nemurirea de dincolo de viaţa trupului. Căci abia prin moarte omul înviază la viaţa cea veşnică."[219]

Acel loc în care se duc după moarte sufletele geţilor pentru a-şi trăi nemurirea lângă zeul lor, este numit de Pârvan – „raiul getic", acest loc „nu e sub pământ ci în cer, solul trimis la zeu nu e înjunghiat pe fundul unei gropi şi acoperit acolo cu pământ, ci e aruncat în lănci cu faţa spre cer, şi la lumina zilei".[220] Principalul său contestatar, Ion Iosif Russu, afirmă că sălaşul morţilor se găsea în adâncurile pământului nu în slava cerului, şi ne aduce la

---

[218] *Ibidem*, IV, 94, apud *Ibidem, Loc.cit.*
[219] Vasile Pârvan, *Op.cit.*, p. 660
[220] *Ibidem*, p. 152

cunoştinţă cauza părerilor nejustificate ale învăţaţilor noştri, care au fost derutaţi de felul în care se executa sacrificiul uman:

> „În realitate însă azvârlirea «delegatului» în sus deasupra lăncilor este o simplă chestiune de procedură, o formă de ritual, lipsit de semnificaţie pentru «direcţia» în care urmă să se îndrepte spre Zalmoxis nefericitul mandatar, care după Pârvan, ar fi «aruncat în lănci cu faţa spre cer, şi la lumina zilei»."[221]

I.H. Crişan îşi argumentează opinia făcând apel la dialogul Carmide/ Charmides, a lui Platon, în care Socrate vorbeşte despre un medic trac, ucenic de al lui Zalmoxis, despre care se spune că îi face pe oameni nemuritori, acest medic afirma că trupul trebuie îngrijit împreună cu sufletul, Crişan conchide:

> „Că este vorba despre suflet, şi nu despre o post-existenţă materială ne spune şi Herodot, care ne relatează un ritual propriu lui Zalmoxis, anume că, tot în al cincilea an, este trimis un mesager căruia îi sunt comunicate toate dorinţele. Este evident – aşa cum arată Mircea Eliade – că sufletul solului se duce la Zalmoxis, numai sufletul; principiul spiritual îl întâlneşte pe Zalmoxis."[222]

W. Bessell, după ce constată că doctrina religioasă a geţilor are legătură cu nemurirea sufletelor, vede problema nemuririi şi a sacrificiului dintr-un unghi diferit, înţelegând că numai solul trimis la zeu avea să trăiască veşnic.

Lucian Blaga spune:

> „de o credinţă în nemurire ca un mod firesc cu totul superior al spiritului, nu poate fi vorba, la geţi, ci de altceva: getul nu se fereşte să cadă în luptă deoarece pe

---

[221] Ion Iosif Russu, *Op.cit.*, p. 85
[222] Ion Hotaţiu Crişan, *Op.cit.*, p. 378

calea aceasta el speră să obţină o nemurire a dubletului său corporal."[223]

Blaga numeşte această „nemurire": „post-existenţă", iar I.I. Russu îl completează afirmând că nu aparţine în exclusivitate geto-dacilor, ci era întâlnită şi la alte triburi trace, precum şi la alte popoare cum ar fi celţii, sciţii şi egiptenii. Acelaşi Russu ne spune că:

> „În faza primitivă a credinţelor getice despre nemurire nu se vorbeşte, aşadar, de „suflete", ci de continuarea efectivă în forme materiale a vieţii terestre [...] Numai textele de mai târziu (Platon, Iamblichos şi Pomponius Mela) vorbesc de existenţa unui suflet oarecum autonom, detaşat de trupul pieritor."[224]

Târzii sunt şi informaţiile care vorbesc despre o „întoarcere a morţilor", pe care le ştim de la Photios, Suidas şi Pomponius Mela, din analiza lor a reieşit fie că sunt rezultatul unei interpretări confuze a textului lui Herodot, fie geţii chiar erau convinşi că se duc la zeu pentru o perioadă de timp şi apoi se reîntorc pe pământ.

Dan Oltean este de părere că geţii şi dacii nu credeau în reîntoarcerea morţilor, ci in mutarea sufletului într-o lume fericită, iar incinerarea trupului ajuta la eliberarea sufletului.

Teoriile coexistă, ambiguitatea izvoarelor face dificilă încercarea de a fi fără dubii partizanul uneia dintre ele, iar informaţiile provenite din alte surse decât Herodot nu fac altceva decât să complice problema.

Cert este că Zalmoxis oferea nemurirea, beneficiarii erau cei iniţiaţi în cultul său, credincioşii, probabil la început aceştia fiind clasa aristocraţilor (fruntaşii ţării, cum le spune Herodot), apoi cultul răspândindu-se la toţi geto-dacii.

---

[223] Lucian Blaga, „Getica", în *Saeculum, revistă de filozofie*, Sibiu, 1943, p.21, apud I.I. Russu, *Op.cit.*, p.83
[224] Ion Iosif Russu, *Op.cit.*, p. 82

Sacrificiul mesagerului – Herodot este sursa cea mai importantă cu privire la acest ritual:

> „Tot la al cincilea an ei trimit la Zalmoxis un sol, tras la sorţi, cu poruncă să-i facă cunoscute lucrurile de care, de fiecare dată, au nevoie. Iată cum îl trimit pe sol. Unii dintre ei primesc poruncă să ţină trei suliţe [cu vârful în sus], iar alţii, apucând de mâini şi de picioare pe cel care urmează să fie trimis la Zalmoxis şi ridicându-l în sus, îl azvârle în suliţe."[225]

Cu excepţia lui Clemens din Alexandria, care afirmă că sacrificiul uman era practicat o dată la un an, prin înjunghierea celui mai destoinic dintre filosofii dacilor, trimiterea solului la zeul suprem nu mai este împrospătată cu noutăţi, ceilalţi autori ne mai adăugând nimic nou „în legătură cu acest ritual constatat cu cinci secole înainte de Hristos la geţii dobrogeni"[226].

V. Pârvan, în Getica, prezintă trimiterea „ambasadorului" într-o manieră idealistă:

> „De abia o dată la 4 ani, naţiunea aduce [...] jertfa cea mai înaltă: un om căruia i se ia viaţa de carne, spre a i se dărui cea de spirit, întru marea misiune de a purta sus în cer doleanţele şi rugăciunile naţiunii. Şi această jertfă e aşa de sfinţită încât dacă cel aruncat în vârfurile de lănci nu moare, nu înseamnă că zeul are milă de el şi-i lasă viaţa, ci, dimpotrivă, că-l osândeşte la moartea eternă a vieţii trupului şi-l socoteşte nevrednic de a se arăta înaintea sa. Ferice de cel ce aruncat în lănci, pierde viaţa trupului, spre a se deştepta în viaţa cea veşnică la zeul din cer."[227]

I.I. Russu este de părere că, Vasile Pârvan, marele nostru învăţat, parcă ţine o predică când vorbeşte despre geţi, elogiază ritul sacrificiului, prezentându-l ca pe

---

[225] Herodot, *Istorii*, IV, 94, apud Vladimir Iliescu, Virgil C. Popescu, Gheorghe Ştefan, *Op.cit.*, p. 49
[226] Ion Iosif Russu, *Op.cit.*, p. 91
[227] Vasile Pârvan, *Op.cit.*, p. 155

ilustrarea unei concepţii spirituale înalte, vrând să facă dint-un masacru barbar, o sublimă ceremonie[228]. Russu corectează „obrăznicia" lui Pârvan şi menţionează că sacrificarea solului este o practică primitivă, sălbatică, un ritual hidos „moştenit din noaptea preistorică"[229], apoi încheie afirmând că sacrificiul nu mai este amintit în izvoarele târzii, deoarece, probabil a dispărut datorită umanizării obiceiurilor primitive ale geţilor[230].

Andrei Nour are o viziune proprie: dacă trupul celui sacrificat ar fi atins pământul înainte de a-şi da ultima suflare, este semn că sufletul său, încărcat de prea multe păcate, nu se poate înălţa la Zalmoxis[231], astfel misiunea îi revenea unui alt get care „indicat de sorţi primea jertfa cu nespusă bucurie, căci avea prilejul să se urce la zeu, în ceruri, să ia parte la ospăţul său şi să se împărtăşească cu nemurirea"[232].

De la Mircea Eliade aflăm că sacrificiul făcea posibilă transmiterea unui mesaj către Zalmoxis, se producea astfel „reactualizarea legăturii directe între geţi şi zeul lor"[233], situaţie care, conform miturilor, a luat sfârşit în urma unui eveniment care i-a determinat pe zei să întrerupă legătura cu umanitatea. Deoarece are loc o dată la 4 ani, este evident că sacrificiul mesagerului constituie „repetiţia simbolică a întemeierii cultului, se reactualizează epifania lui Zalmoxis, după cei 3 ani de ocultaţie cu tot ce implică ea, mai ales asigurarea imortalităţii şi a beatitudinii sufletului"[234]. Mesagerul get nu este un sclav sau un prizonier, ci un om liber, este un iniţiat în Misterele fondate de Zalmoxis.

Pârvan şi Eliade plasează trimiterea solului o dată la 4 ani, M. Eliade foloseşte această dată pentru a lega reapariţia lui Zalmoxis de jertfa umană, dar după cum

---

[228] Ion Iosif Russu, *Op.cit.*, p. 88

[229] *Ibidem*, Loc.cit.

[230] *Ibidem*, p. 91

[231] Andrei Nour, *Op.cit.*, p. 53

[232] *Ibidem*, p. 56

[233] Mircea Eliade, *Op.cit.*, p. 58

[234] *Ibidem*, p. 59

ştim de la Herodot, **anii petrecuţi în camera subterană sunt trei, iar mesagerul este trimis la zeu în fiecare al cincilea an**.

Potrivit lui Dan Oltean, ritualul sacrificiului a fost instaurat de Zalmoxes (aceasta este grafia utilizată de autor), şi era închinat zeului războiului. Conform izvoarelor antice, era efectuat o dată la cinci ani şi era necesar doar pe timp de pace, când comunicarea cu zeul războiului nu se putea realiza prin moarte pe câmpul de luptă. Pentru perioada târzie a civilizaţiei dacice, există dovezi care indică încetarea practicării sacrificiilor umane din rândul populaţiei autohtone, medierea cu divinitatea pare că nu se mai făcea prin mesager, ci era un atribut al preoţilor. Se observa înlocuirea persoanelor sacrificate din rândul războinicilor daci cu prizonieri de război, în opinia autorului, grăitoare în acest sens sunt unele reprezentări de pe Columna Traiană, care redau expuse pe zidurile unei cetăţi cranii ale romanilor capturaţi în victoria împotriva generalului Cornelius Fuscus. De asemenea, mai era practicat ritualul de factură scitică al agăţării prizonierilor ucişi de trunchiurile copacilor, pentru a fi devoraţi de lupi, animale care îl reprezentau pe zeul războiului.[235]

În lumea indo-europeană, sacrificiile erau de mai multe feluri, cele mai dese se făceau pentru îmbunarea zeilor, pentru biruinţă în războaie şi pentru prorocire. De exemplu, la aflarea viitorului, măruntaiele animalelor jertfite erau cercetate de preoţi, aceştia interpretau semnificaţia formelor diverselor organe, vene, chisturi şi cheaguri de sânge. La celţi erau sacrificaţi răufăcătorii şi prizonierii de război prin agăţare de copaci, se spune că fenicienii îşi sacrificau cei mai dragi copii pentru a potoli mânia lui Moloh; iar la tracii sudici, când se celebra „epifania"[236] lui Dionysos, erau sacrificate victime omeneşti. La germani, când nu se purta război, era „trimis"

---

[235] Dan Oltean, *Op.cit.*, pp. 107-114
[236] Apariţie, manifestare a zeului.

lui Odin un războinic, prin spânzurare sau lovit cu lancea.[237]

Zborul păsărilor, fenomene cereşti sau apariţii neobişnuite – toate acestea erau interpretate ca semne trimise de zei, semne prin care se arăta că jertfa de sânge a fost primită.

La geto-daci, sacrificiul avea alt caracter, sacrificatul era bărbatul cel mai vrednic de a se întâlni cu zeul, şi se supunea de bunăvoie, considerând propria jertfă un act de mare onoare.

Cu privire la sacrificii şi morţi ritualice, o să amintim în acest final de subcapitol actul de sinucidere al regelui Decebal, act de auto-sacrificiu cu dublu scop: de a evita umilinţa captivităţii şi de a-şi înlesni accederea către statutul de nemuritor, către „regatul lumii de dincolo".

MITUL LUI GEBELEIZIS

După ce Herodot îl prezintă pe Zalmoxis, adaugă: „Unii dintre ei (geţii) îi mai spun (îl numesc) şi Gebeleizis"[238]. Despre Gebeleizis nu mai avem nici o relatare, aceasta este prima şi ultima dată când numele apare în sursele antice.

Etimologii şi interpretări – Georg Stiernhielm (1598-1672) susţine o etimologie germană, Geblizin: Jupiter tonans, adică „Jupiter tunătorul"[239], această teză va fi rampa de lansare pentru Gebeleizis „zeul furtunii", şi va rămâne în vigoare sub forme diverse până în zilele noastre.

M. Praetorius propune o altă etimologie: Gybeleisis, care înseamnă „cel care se face nemuritor sau care, deşi şi-a terminat viaţa, nu moare".[240]

Wilhelm Bessell după ce iniţial îl consideră pe Zalmoxis un epitet al lui Gebeleizis, afirmă că numele date de

---

[237] Dan Oltean, *Op.cit.*, p. 109
[238] Herodot, *Istorii*, IV, 94, apud Vladimir Iliescu, Virgil C. Popescu, Gheorghe Ştefan, *Op.cit.*, p. 49
[239] J. Loccenius, Historia Suecana, Frankfurt-Leipzig, 1676, pp. 1-8, apud Dan Dana, *Op.cit.*, p. 205
[240] M. Praetorius, Orbis Gothicus, Oliva, p. 118, apud *Ibidem*, p. 218

Herodot nu pot fi identice, nu poate fi vorba de una şi aceeaşi zeitate. În opinia filologului german, cei doi zei ar reprezenta binele şi răul în religia geţilor.

Robert Roesler, în descrierea pe care o face religiei dacice, îl numeşte pe Gebeleizis – zeu suprem, iar pe Zalmoxis preot, care ulterior va fi divinizat.

Tomaschek îl consideră pe Gebeleizis o veche divinitate a fulgerului, forma originală a numelui ar fi *Zebeleizis* (*Zibeleizis*), aceasta reprezentând o variantă fonetică a lui Zbelsurdos, zeul fulgerului din panteonul tracilor sudici; în nume regăsindu-se cuvântul indo-european g`heib-, care se traduce prin „a străluci".[241]

Pentru A.B. Cook, Gebeleizis înseamnă „zeul cu o furcă"[242] (teoria se bazează doar pe speculaţii).

Vasile Pârvan crede că Zalmoxis şi Gebeleizis sunt atribute explicative ale puterii divinităţii[243].

Lingvistul german Paul Kretschmer încearcă să apropie etimologic cele două nume – Gebeleizis şi Zalmoxis, considerând că primul reprezintă numele trac, iar cel de al doilea un nume hibrid scito-trac al aceluiaşi zeu.[244]

Pentru I.I. Russu, Gebeleizis era zeul fulgerului, zeul onorat prin ritualul săgetării cerului. Numele său s-ar explica prin tâlcuirea etimologică:

> „g`h(e)ib-el- cu însemnarea «lumină, scăpărare de lumină, fulger» a dat în chip normal în graiul trac comun zibel- , zebel-, constatat ca primul membru în cuvântul compus Z(i)belsurdus, a cărui calitate de «zeu al fulgerului» a fost recunoscută limpede mai demult."[245]

Referitor la această divinitate sud tracică Russu afirmă:

---

[241] W. Tomaschek, *Die alten Thraker,* II, pp. 60-62, apud Dan Dana, *Op.cit.*, p. 234
[242] A.B. Cook, Zeus. *A Study in Ancient Religion,* I, New York, 1965, apud *Ibidem*, p. 241
[243] Vasile Pârvan, *Op.cit.*, p. 156
[244] Paul Kretschmer, „Zum Balkan-Skythischen", în *Glotta,* 24, 1983, pp. 37-55, Dan Dana, *Op.cit.*, p. 247
[245] Ion Iosif Russu, *Op.cit.*, p. 75

„era o creaţie a tracilor sud-balcanici ca personificare a celei mai cutremurătoare dezlănţuiri a puterilor naturii: fulgerul, care a impresionat şi zguduit fiinţa omului de pretutindeni. Nimic mai firesc, deci, decât ca, în acelaşi timp, tracii de la nord de Haemus şi din Carpaţi să fi imaginat un zeu al trăsnetelor, un «fulgerător» , pe care să-l numească cu acelaşi apelativ, luat din lexiconul cotidian, ca fraţii lor meridionali: zebel-, Zebeleizis (Gebeleizis), şi care iniţial era tocmai fenomenul elementar al descărcării electrice a atmosferei."[246]

Analizând pasajul lui Herodot, Constantin Daicoviciu susţine existenţa a două divinităţi getice: Zalmoxis (zeu htonian) şi Gebeleizis (zeu al cerului) sau două aspecte ale aceluiaşi zeu (unul htonian şi altul celest)[247].

Interpretând textul lui Herodot, Hadrian Daicoviciu afirmă că:

„Deşi nu putem cunoaşte raportul «ierarhic» dintre Zalmoxis şi Gebeleizis în secolul al V-lea a.Chr. textul lui Herodot ne lasă să înţelegem că chtonianul Zalmoxis era zeul suprem, dar că uranianul Gebeleizis îi disputa domnia asupra împărăţiei umbrelor. În virtutea anumitor transformări intervenite în religia lor, o parte din geto-daci începuseră să creadă că la Gebeleizis şi nu la Zalmoxis merg cei care părăsesc lumea pământească. Descoperirile arheologice din Munţii Orăştiei indică predominarea unui cult solar sau urano-solar în secolele I a.Chr.-I p.Chr. Nu s-a găsit deocamdată nici un templu subteran."[248]

Hadrian Daicoviciu este de părere că arheologia a confirmat teza existenţei unei religii cu caracter urano-solar la geto-daci, în vârful panteonului aflându-se

---

[246] *Ibidem*, p. 76

[247] Constantin Daicoviciu, *Herodot şi pretinsul monoteism al Geţilor*, Apulum, 1944-1945, pp. 90-93, apud Dan Dana, *Op.cit.*, p. 334

[248] Hadrian Daicoviciu, *Dacii,* Editura Hyperion, Chişinău, 1991, p. 131

Gebeleizis (poate „strălucitul", „luminosul"), adorat de elita războinică, de aristocraţi; în vreme ce Zamolxis rămâne zeul plugarilor şi păstorilor. Autorul aduce ca argument sanctuarele construite fără acoperiş descoperite în Munţii Orăştiei[249].

H. Daicoviciu afirmă că la Piatra Roşie a fost descoperită osia unui cărucior, acesta avea caracter ritualic, fiind poreclit „car solar în miniatură", de asemenea, pe ceramica pictată descoperită la Sarmizegetusa apar reprezentări ale discului solar; dar dovada cea mai sigură a existenţei unui cult solar la autohtonii din Dacia o reprezintă splendidul „soare de piatră" descoperit la Dealul Grădiştii, pe terasa a XI-a, în incinta sacră de la Sarmizegetusa care a „risipit orice îndoială asupra caracterului urano-solar al religiei geto-dacilor".[250] Pavajul de andezit reprezintă soarele şi era folosit probabil pentru sacrificii; forma lui arată că a fost ridicat în cinstea unei divinităţi solare[251]. Aceasta este teza lui H. Daicoviciu despre uranianul Gebeleizis, care l-ar fi detronat în popularitate pe htonianul Zamolxis. Detronat, dar nu dispărut, Zamolxis este atestat de sursele literare târzii, deci nu a fost eliminat din cult, totuşi, în opinia lui H. Daicoviciu, o schimbare religioasă a avut loc. Autorul recunoaşte contradicţia dintre sursele literare care fac din Zamolxis un zeu htonian şi descoperirile arheologice care atestă o religie urano-solară.

I.H. Crişan este convins că Gebeleizis/Nebeleizis nu este nimeni altul decât Marele Zeu, divinitate masculină urano-htoniană, stăpân al cerului şi al pământului.

Mircea Eliade acceptă etimologia lui Tomaschek, considerându-l pe Gebeleizis similar cu Zbelsurdos (zeul trac al fulgerului şi al ploii), similar cu Donar/Thor (zeul fulgerului, tunetului şi furtunii în mitologia germanică), cu

---

[249] Ideea că sanctuarele dacice nu aveau acoperişi este eronată, această concepţie a fost popularizată de imaginea „Calendarului dacic" de la Sarmizegetusa Regia.

[250] Hadrian Daicoviciu, *Dacii*, Editura Hyperion, Chişinău, 1991, p. 132

[251] *Ibidem,* pp. 131-132

Taranis (zeul fulgerului în mitologia celtică), cu Perkunas (zeul baltic al tunetului), cu Perunu (zeul fulgerului, tunetului şi furtunii în mitologia slavilor) şi cu Parjanya (divinitate a ploii, tunetului şi fulgerului care fertilizează pământul în religia Indiană). Eliade afirmă că Gebeleizis nu este unul şi acelaşi cu Zalmoxis, este un vechi zeu al cerului, patron al clasei războinice a geto-dacilor, a cărui prezenţă nu a mai fost pomenită în izvoare, deoarece:

> „Se poate imagina alipirea lui la o altă divinitate, fie supravieţuirea sub un alt nume. Se mai poate admite că, cel puţin începând cu o anumită epocă, un sincretism religios, încurajat de marele preot şi clasa sacerdotală, sfârşi prin a-l confunda pe Zalmoxis cu Gebeleizis."[252]

Lingvistul Sorin Paliga analizând o altă formă sub care apare numele de Gebeleizis, scrie:

> „Beleizis ar putea fi din aceeaşi familie de cuvinte ca formele româneşti *bală*, *balaur*, atât de uzuale în basme, albanez *bolle* «şarpe»."[253]
>
> „Nu putem avea dubii că Gebeleizis şi Beleizis sunt EPITETE ale divinităţii supreme («prea strălucitul», «prea puternicul»). Avem toate motivele să credem că forma Beleizis nu este o eroare a copistului, ci – probabil – un alt epitet al lui Zamolxis."[254]

*

S-a interpretat că Zalmoxis şi Gebeleizis ar reprezenta o dublă denumire dată de geţi zeului lor sau că sunt două zeităţi diferite. Toate teoriile despre Gebeleizis pornesc de la speculaţii etimologice şi de la relatarea lui Herodot cu privire la obiceiul geţilor de a trage cu arcul în nori. Autorii moderni i-au spus Gebeleizis, Beleizis, Zibeleizis, Zemeleizis, Meleizis, Nebeleizis, s-a făcut din el zeu al fulgerului, al furtunii, al cerului sau al norilor; un singur

---

[252] Mircea Eliade, *Op.cit.*, p. 63
[253] Sorin Paliga, *Mitologia tracilor*, Meteor Press, Bucureşti, 2008 p. 19
[254] *Ibidem*, p. 20

lucru este cert, numele de Gebeleizis apare în istoria antică o singură dată, la Herodot.

Ritualul săgetării cerului – „Aceiaşi traci, când tună şi fulgeră, trag cu săgeţile în sus, spre cer şi ameninţă divinitatea [care provoacă aceste fenomene], deoarece ei cred că nu există un alt zeu în afară de al lor.”[255]

Unii erudiţi sunt de părere că pasajul lui Herodot nu are legătură cu Zalmoxis, ci ar avea legătură cu Gebeleizis: „singurul rit pe care îl cunoaştem în legătură cu Nebeleizis transmis de Herodot, este tragerea cu arcul în timpul furtunii. Acest obicei este prezent şi la alte popoare din Asia şi America, la chinezi sau în cultul lui Mithras şi Indra”[256], spune I.H. Crişan, care continuă: „săgetarea şi «ameninţarea» cerului în credinţele şi practicile religioase getice se leagă, cum a subliniat îndeosebi Constantin Daicoviciu, de zeul fulgerelor, nu de Zamolxe”[257].

C. Clemen interpretând expresia „nu există un alt zeu în afară de al lor”, consideră că cel care trimite fulgere nu este pentru geţi un zeu adevărat, cel mult ar putea fi un duh rău sau un vrăjitor, iar pentru a-i dovedi că nu se tem, geţii trag în el cu săgeţi.

C. Daicoviciu afirmă despre acelaşi obicei de a săgeta norii că nu este o „ameninţare” ci un „act de cult”, o formă de acţiune sacră de îndepărtare a furtunii.

I.I. Russu împărtăşeşte o opinie similară cu Daicoviciu:

> „acţiunea săgetării cerului (norilor, furtunii), însoţită de gesturi ameninţătoare, a fost greşit înţeleasă de Herodot ca fiind o ameninţare propriu zisă, ori [...] «ameninţarea» nu poate fi considerată decât unul din aspectele cultului şi practicile religioase primitive ale geţilor.”[258]

În legătură cu acest subiect, V. Pârvan afirmă:

---

255 Herodot, *Istorii*, IV, 94, apud Vladimir Iliescu, Virgil C. Popescu, Gheorghe Ştefan, *Op.cit.*, p. 49
256 Ion Horaţiu Crişan, *Op.cit.*, p. 361
257 *Ibidem*, p.70
258 Ion Iosif Russu, *Op.cit.*, p. 69

„tulburarea firii e adusă de demonii cei răi ai furtunilor, norilor şi grindinii: de aceea getul ajută zeului suprem (Zalmoxis şi Gebeleizis sunt două dintre atributele explicative ale înfăţişării ori puterii acestuia) la liniştea lumii, trăgând ei înşişi cu arcul în norii care ascund şi întunecă faţa zeului din cer."[259]

În opinia lui Eliade, nu Gebeleizis era cel ameninţat, ci demonii din nori[260].

E. Rohde are o părere diferită, el consideră că acest ritual are legătură cu Zalmoxis, şi ne informează:

„Dacă trebuie să înţelegem sub zeul pe care geţii îl ameninţă în timp de furtună pe zeul lor (Zalmoxis) cum se înţelege de obicei, raţiunea ameninţării făcută faţă de acest zeu – ştiindu-se că pe el îl consideră singurul adevărat – va fi, desigur ciudată şi absurdă [...] Acest zeu tunător nu este de loc Zalmoxis, geţii au ca zeu decât pe Zalmoxis, cel care tună nu este pentru ei zeu adevărat (cel mult un spirit rău sau un magician); pentru a-i arăta că nu se tem de el, îl atacă cu săgeţile, sperând să împrăştie furtuna."[261]

A. Nour referindu-se la cel care „tună şi fulgeră", afirmă că este o divinitate. Furtunile aveau în mintea geţilor puteri zeieşti[262], iar acel zeu străin, nicidecum spirit sau vrăjitor, îl ameninţa pe Zalmoxis cu detronarea.

Pasajul lui Herodot a fost interpretat diferit de învăţaţii moderni, dacă istoricul german W. Froehner crede că este vorba despre un act de răzbunare împotriva zeului lor, Pârvan, Russu şi Eliade cred că tragerea cu arcul în nori reprezintă un act de cult, unul din aspectele practicilor religioase ale tracilor din nord, iar după părerea lui Clemen şi Rohde, cel care provoacă fenomenele meteorologice este

---

[259] Vasile Pârvan, *Op.cit.*, p. 151
[260] Mircea Eliade, *Op.cit.*, p. 62
[261] E. Rohde, *Psyche,* Paris, 1928, p. 286, apud A. Nour, *Op.cit.*, p. 37
[262] Andrei Nour, *Op.cit.*, p. 38

un spirit rău sau un magician, pe care geţii îl atacă cu săgeţile pentru a-l alunga.

MITUL LUI DECENEU

Două surse istorice ne vorbesc despre Deceneu[263], prima, care este şi cea mai preţioasă, o avem de la Strabon (acesta a fost contemporan cu marele preot geto-dac, deci informaţiile sale se referă la un personaj istoric, nu la unul legendar); a doua sursă provine de la Iordanes, opera acestuia, *Getica,* a fost redactată la şase secole distanţă de *Geografia* lui Strabon.

Strabon explică formarea puternicului stat al geto-dacilor sub regele Burebista, care a impus disciplina şi ascultarea, i-a învins pe boi şi pe taurisci (neamuri celtice), apoi a jefuit Iliria, Macedonia şi Tracia, devenind de temut chiar şi pentru romani. Aceste succese au fost realizate cu ajutorul marelui preot:

> „Deceneu, un şarlatan care rătăcise multă vreme prin Egipt, învăţând acolo unele semne de prorocire, mulţumită cărora susţinea că tălmăceşte voinţa zeilor. Ba încă de un timp fusese socotit şi zeu."[264]

Pentru a ilustra autoritatea pe care Deceneu o deţinea, Strabon povesteşte cum geto-dacii „s-au lăsat înduplecaţi să taie viţa de vie şi să trăiască fără vin". După moartea lui Burebista, Deceneu devine rege peste una din regiunile în care s-a împărţit regatul.

De la Iordanes aflăm că Deceneu, colaborator al regelui Burebista, exercita asupra poporului o putere aproape regală, era perceput ca erou civilizator al întregii naţiuni, reformator al instituţiilor religioase, considerat drept cel care i-a iniţiat pe geţi în toate domeniile filosofiei şi i-a instruit în astronomie. Lui Deceneu i se atribuie crearea

---

[263] La Strabon - numele marelui preot apare scris Decaineos, la Iordanes - numele apare sub forma Dicineum, grafia românizată a numelui este Deceneu.
[264] Strabon, *Geografia*, VII, 3, 11, apud Vladimir Iliescu, Virgil C. Popescu, Gheorghe Ştefan, *Op.cit.*, p. 49

legilor şi reformarea claselor sociale, preoţilor dându-le numele de *pilleati* (deoarece făceau sacrificii având capetele acoperite), iar restul poporului a primit numele de *capillati* (adică pletoşii)[265].

Mărturiile lui Strabon şi Iordanes au fost comentate intens de istoricii moderni. După cum reiese din sursele antice, Deceneu, marele preot al geto-dacilor, care învăţase să tălmăcească voinţa zeilor în Egipt, îl ajută pe rege să impună disciplina poporului printr-o serie de reforme, una din acestea era abţinerea de la consumul vinului. Pârvan comentând această mărturie, afirmă că omul nu poate atinge nemurirea decât curăţându-se de patimi:

> „Mai ales vinul aduce ticăloşirea omului, în numele divinităţii, marele preot al naţiunii cere distrugerea viţei în întregul regat. Nimic deci din nebunia dionisiacă thraco-phrygică nu e de admis ori tolerat la Geţi."[266]

Ioan Coman este de părere că marii preoţi nu puteau intra în slujba zeului decât dacă se aflau într-o stare de puritate.

Doar prin morală se poate clădi un stat puternic politic şi militar, de aceea marele preot a întreprins reforma poporului:

> „Preoţii, de o cumpătare proverbială, învăţau poporul să ducă o viaţă sobră: să nu mănânce carne şi nimic din ce constituie o creatură, ci numai miere, lapte şi brânză. Preoţii trăiau în afara căsătoriei şi duceau o viaţă liniştită şi independentă. Ei erau şi judecători."[267]

M. Eliade vorbeşte despre o nouă etapă în religia dacilor, etapă dominată de marele preot, care după spusele lui Strabon, este profet asociat la domnie, şi, datorită prestigiului de care se bucură ajunge să fie divinizat.

---

[265] *Ibidem*, 71, apud *Ibidem,* p. 419
[266] Vasile Pârvan, *Op.cit.*, p. 151
[267] Ioan G. Coman, *Zalmoxis*, în „Gîndirea", Anul XX, nr.1, ianuarie 1941, pp. 24-27.

Deceneu (la fel ca şi Zalmoxis) „realizase o carieră atât de prodigioasă datorită cunoştinţelor sale astronomice şi mantice".[268]

Nicolae Gostar şi Vasile Lică au încercat să demonstreze că reforma sacerdotală care a avut loc în timpul lui Deceneu a înlocuit cultul getului Zalmoxis cu cel al zeului dac al războiului. Gostar aduce drept probă mărturiile poeţilor latini Vergilius şi Ovidiu: „getul care se închină lui Marte", „bătrânului Mars Gradivus, care ocroteşte ogoarele geţilor". Dan Dana spune despre aceste paragrafe că „e vorba decât de un clişeu literar frecvent îndeosebi în poezii, trimiţând la imaginea de războinici prin excelenţă pe care o au dacii şi geţii în literatura latină"[269], în opinia aceluiaşi autor, poeţii menţionaţi nu aduc nici o informaţie reală despre religia dacică.

Dan Oltean admite reforma religioasă produsă de Deceneu, dar nu în maniera lui Gostar şi Lică, domnia sa afirmă:

„cultul lui Marte nu avea cum să-l înlocuiască pe cel al lui Zalmoxes pentru simplul motiv că Marte era zeu, iar Zalmoxes daimon [...] în timpul războaielor din 101-102 p.Chr. şi 105-106 p.Chr. cultul lui Zalmoxes supravieţuia."[270]

Reforma lui Deceneu nu intra în contradicţie cu cea promovată de Zalmoxis/Zalmoxes, ci o completa, afirmă acelaşi autor.

Deceneu şi, mai târziu, Comosicus apar exercitând concomitent funcţiile de rege şi mare preot, acest lucru îl face pe Roesler să propună ideea unei teocraţii getice, iar Dumitru Berciu este adeptul unei poziţii similare, afirmând că religia se împletea cu puterea politică.

I.H. Crişan are o părere diferită, istoricul ne spune:

„Socot că textul lui Strabon şi al lui Iordanes sunt dovezi peremptorii cu privire la separarea, în cazul geto-dacilor,

---

[268] Mircea Eliade, *Op.cit.*, p. 68
[269] Dan Dana, *Op.cit.*, p. 353
[270] Dan Oltean, *Op.cit.*, pp. 86-87

a puterii politice de cea religioasă şi că nu poate fi vorba despre sacralizarea regalităţii [...] Se întâmplă însă, ca un preot suprem să ajungă rege, să cumuleze cele două funcţii, aşa cum a făcut-o Comosicus."[271]

V. Pârvan, după ce cataloghează ipoteza lui Roesler drept „o poveste diletantă", afirmă: „îndeobşte cele două puteri, cea politic-militară şi cea religioasă nu se amestecă împreună, ci sunt păstrate deosebit"[272].

C. Balmuş aplicând viziunea marxistă asupra istoriei, face critica „istoricilor burghezi", care vedeau în Deceneu un maestru şi un părinte al poporului geto-dac, când de fapt preotul a fost un simplu instrument în mâna regelui Burebista, un slujitor, o unealtă cu misiunea de asuprire a „maselor populare apăsate".[273]

Cu privire la numele muntelui Cogaionon/Kogaionon, Tomaschek – îl traduce prin „Peştera Vieţii". În acea peşteră s-a retras preotul Zalmoxis, apoi ceilalţi, care de-a lungul vremii îl sfătuiau pe rege, deci şi Deceneu. Făcând referire la Muntele Sfânt al dacilor, V. Pârvan adaugă:

„ca şi marele preot, aşa şi discipolii săi, asceţii, vor fi locuit prin peşteri pe vârfurile neumblate ale munţilor. Dar loc sfânt, de pelerinaj, va fi fost numai muntele Cogaionon, lângă apa cu acelaşi nume, unde era sihăstria măreţului preot."[274]

Profesorul A. Borza a localizat muntele în masivul Ţarcu din Banat, unde a găsit o peşteră locuibilă[275] (ipoteza dumnealui are puţine şanse de a fi validată). Majoritatea istoricilor plasează muntele în regiunea capitalei Daciei

---

[271] Ion Horaţiu Crişan, *Op.cit.*, p. 407

[272] Vasile Pârvan, *Op.cit.*, p. 154

[273] C. Balmuş, *Buletin ştiinţific. Seria ştiinţe istorice, filosofice şi economico-juridice*, 2 (1), 1950, p. 11, apud Dan Dana, *Op.cit.*, p. 333

[274] Vasile Pârvan, *Op.cit.*, p. 161

[275] Alexandru Borza, „Sanctuarul Dacilor Kogaionon", în *Revista Ist. Social Banat Crişana*, X, 1942,   pp. 649-672, apud Ion Iosif Russu, *Op.cit.*, p. 53

preromane, la Sarmizegetusa Regia, unde săpăturile arheologice au scos la lumină mai multe sanctuare. Mircea Eliade citindu-l pe I.I. Russu, afirmă despre „muntele sacru" că denumirea de Kogaionon este suspectă, deoarece nu pare să aparțină lexiconului traco-dac[276], unele voci, printre care și cea a lui Bessell sunt de părere că numele muntelui ar fi corupt din cuvântul „katagaion", întâlnit în povestea lui Herodot cu sensul de încăpere subterană. Cert este că numele muntelui este atestat doar la Strabon.

Știrile antice și comentariile autorilor moderni îl prezintă pe Deceneu drept mare preot, tălmaci al voinței zeilor, învățător al neamului său, filosof, astronom, reformator al cultului instaurat de Zalmoxis, rege și zeu.

Unele religii evoluează, se schimbă, altele dispar. Comparând cultul funerar, arta și mitologia ilustrată din perioada de apogeu a aristocrației getice (sec. V-III a.Chr.) cu dovezile arheologice din perioada lui Burebista și Decebal (sec. I a.Chr.-I p.Chr.), este evident că religia geto-dacilor a suferit unele transformări. Dacă în secolul IV a.Chr. elitele războinice erau înmormântate în tumuli funerari, în secolul I p.Chr. aceste practici nu mai există, ele fiind înlocuite de incinerație.

---

[276] Mircea Eliade, *Op.cit.*, pp. 68-69

Concluzii

Pentru a explica credinţele religioase ale „barbarilor" geţi, grecii din cetăţile Pontului şi Helespontului au creat o biografie a lui Zalmoxis, el a fost prezentat drept sclav al lui Pitagora, de la care a învăţat stilul de viaţă ionian şi unele ştiinţe ale cerului. **Herodot** şi **Hellanicos**, primii autori care au scris despre Zalmoxis, au expus istorisirea despre perioada sclaviei, dar nu au şi crezut-o, în opinia celor doi – Zalmoxis ar fi trăit înaintea filosofului din Samos, deci nu ar fi putut împrumuta de la acesta practicile religioase care apar în cultul său. Părerile informatorilor lui Herodot despre acest personaj din nord, care pretindea că oferă nemurirea, păstrează nealterată imaginea lui de zeu, la el mergeau după moarte geţii, terizii, crobizii, cu siguranţă şi dacii; lui i se închinau jertfe umane; pentru aceşti traci, Zalmoxis era cel mai mare dintre zei.

Sursele antice transmit numele zeului get în două feluri: **Zalmoxis** şi **Zamolxis**. Forma Zalmoxis este cea mai veche, originală, indigenă, ea datează din secolul al V-lea a.Chr., fiind utilizată în primul izvor, cealaltă formă a numelui – Zamolxis – este întâlnită întâia oară la Strabon, care îşi redactează opera la cinci secole distanţă de Herodot, şi este obţinută prin modificarea ordinii literei „L" din cuvânt.

Secolele XIX şi XX sunt foarte bogate în interpretări despre credinţele religioase ale geţilor şi ale dacilor, religia lor a fost catalogată a fi „primitivă", caracterizată de orgii şi sacrificii umane, apoi s-au adus în discuţie expresii ca henoteism, monoteism, dualism, politeism. În monografia *Getica. O protoistorie a Daciei*, **Vasile Pârvan** spune că strămoşii noştri aveau o religie henoteistă, în cadrul căreia „zeul unic" locuia în ceruri, iar cele două nume pe care i le-au dat grecii reprezintă însuşiri ale puterii sale; **Ion Iosif Russu** îi atribuie marelui nostru istoric teza monoteismului, dar Vasile Pârvan face referire la zeul unic divinizat, nu la un singur zeu existent, deci nu vorbeşte de monoteism. Majoritatea cercetătorilor au ajuns la concluzia că religia geto-dacilor avea un caracter politeist, că geţii şi dacii se încadrau în acelaşi sistem teologic cu fraţii lor de la sud; lucru argumentat de istorici cu ajutorul dovezilor literare şi arheologice, care demonstrează că în Dacia exista o religie indo-europeană. Balanţa înclină spre politeism, dar argumentele nu sunt irefutabile, putem fi martorii unor momente din cadrul unei religii aflate în tranzit (de la politeism către henoteism), cert este că între sec. V a.Chr şi I p.Chr. se generalizează incineraţia, iar inventarul funerar suferă modificări, deci avem de-a face cu schimbări în cadrul vieţii spirituale. Dar schimbări atât de drastice, cum ar fi înlocuirea lui Zalmoxis cu un alt zeu, ni se par exagerări.

Istorici, lingvişti şi arheologi; occidentali, români şi bulgari au publicat nenumărate studii dedicate lui Zalmoxis, informaţiile antice au primit interpretări diferite, de exemplu: povestea cu „locuinţa subpământeană" (ştiută de la Herodot) dovedeşte pentru I.I Russu că Zalmoxis a fost un zeu htonian, al pământului, al vegetaţiei, al naturii, stăpân al morţilor; Rhys Carpenter şi Romulus Vulcănescu au concluzionat că este un zeu-urs, care hibernează iarna; mai nou coborârea în acea încăpere ar reprezenta indiciul unei morţi rituale (Mircea Eliade); de asemenea, au fost lansate analogii cu practicile iniţiatice săvârşite de Pitagora, Dionysos şi Orfeu. În opinia lui Russu sacrificiul uman este un masacru barbar, iar pentru Vasile Pârvan este o jertfă „sfinţită". Pentru diversele variante ale numelui zeului (Zalmoxis, Salmoxis, Zamolxis, Zalmolxis etc...), fiecare savant a ales una dintre forme, pentru care au fost propuse diverse etimologii: „cel care locuieşte sub pământ", „îmbrăcat în piele de urs", „Zeu-moş". Diversitatea ipotezelor a continuat cu comparaţiile dintre Zalmoxis şi divinităţi ca Dionysos, Zeus, Cronos, Hermes, Ares, Wodan/Odin, Donar/Thor, Semele, Heracle/Hercule, Freyr şi Zemeluks.

Strabon şi **Iordanes** ne informează despre preocupările profetice ale lui **Deceneu**, consilierul regelui Burebista, care ajunge să fie considerat de poporul său drept zeu, de asemenea, el mai este prezentat şi ca învăţător al neamului, filosof, astronom şi rege. Comentariile istoricilor moderni au dat naştere unor teze diverse, printre care cea a lui **Nicolae Gostar** şi **Vasile**

Lică, aceştia au încercat să demonstreze că reforma sacerdotală care a avut loc în timpul lui Deceneu a înlocuit cultul getului Zalmoxis cu cel al zeului dac al războiului. Existenţa unui zeu al războiului la geţi şi la daci este plauzibilă, dar este improbabil ca acesta să-l fi detronat pe Zalmoxis.

Despre **Gebeleizis**, nume care apare o singură dată în sursele antice cunoscute, s-a afirmat că este o a doua denumire dată de geţi lui Zalmoxis sau că este un alt zeu, mai vechi. A fost numit zeu al fulgerului, al furtunii, al cerului şi al norilor. Toate teoriile despre Gebeleizis pornesc de la speculaţii etimologice şi de la relatarea lui Herodot cu privire la obiceiul geţilor de a trage cu arcul în nori. Autorii moderni i-au spus: Gebeleizis, Beleizis, Zibeleizis, Zemeleizis, Meleizis, Nebeleizis. Excluzând teza monoteismului, apreciem că Gebeleizis este un alt nume dat de geţi lui Zalmoxis.

Călătorind în zona Pontului, Herodot este singurul care a cules ştiri despre geţi la ei acasă. Ceilalţi autori îşi procură informaţiile despre religia acestor traci din auzite, din poveşti greceşti sau repetă ce a spus „Părintele istoriei". Datorită lui Herodot putem privi un moment din istoria geţilor: un zeu autohton, sacrificii umane, săgetatul cerului pe timp de furtună.

Într-o comparaţie surd-nord, în lumina surselor scrise, întâlnim la tracii noştri, la geto-daci, conceptul de preot-rege-zeu atribuit unei singure persoane, posibil să fie un concept moştenit care prezintă evoluţia „carierei" unui personaj exemplar şi perpetuat ca tradiţie. Acest concept nu se regăseşte la greci, la ei regii sunt regi, iar zeii sunt zei. De asemenea, întâlnim credinţa într-o nemurire diferită de cea a grecilor (cei care ajung la Zalmoxis vor trăi de-a pururi într-un loc plin de belşug, în vreme ce la greci, *uitarea* este factorul principal nu belşugul, o soartă mai bună în lumea de apoi o aveau eroii care ajungeau în câmpiile Elizee), tot la geţi este popular conceptul de *înviere* (după o perioadă petrecută sub pământ, timp în care geţii l-au crezut mort, Zalmoxis revine; cei plecaţi la Zalmoxis se vor întoarce), concept străin grecilor. Tentative de a păcălii moartea şi de a readuce printre cei vii personaje din Hades au existat în mitologia greacă, dar caracteristica învierii era excepţia, nu regula.

Pentru perioada istoriei scrise, nu credem că avem atitudini şamanice, avem de-a face cu religii organizate la traci, iar pentru epoca Burebista-Decebal, templele dacice de la Sarmizegetusa arată o religie bine închegată.

Elementele din cultul lui Zalmoxis, aşa cum au ajuns până la noi, nu ne relevă multe lucruri despre religia geto-dacilor, dar ne dezvăluie multe despre autorii care le interpretează. **Dan Dana**, în studiul său foarte documentat – *Zalmoxis de la Herodot la Mircea Eliade* – rezumă extrem de critic problemele interpretărilor (atât a celor competente cât şi a celor deşuchiate) cu privire la Zalmoxis: După D. Dana – toate teoriile care fac referire la Zalmoxis şi la cultul său sunt speculaţii ale autorilor moderni, ele au ca punct de plecare studiul textelor antice, acestea au fost interpretate în funcţie de interesul autorilor. Zalmoxis, personaj cu soartă dublă, sclav şi zeu, a străbătut lumea în lung şi în lat, bântuindu-i pe autorii antici şi moderni. Căutarea originilor, a strămoşilor şi a zeilor la care geto-dacii se închinau a animat nostalgii şi a excitat imaginaţia multora. Fiecare teorie a cunoscut perioada ei de glorie, fiecare a avut adepţii ei, unele au rezistat testului timpului, altele, devenind ridicole, au fost uitate; unele au fost o modă de sezon, altele, favorizate de un anumit climat cultural sau politic, au ajuns în manualele de istorie, unde au stat zeci de ani. Fiecare teorie a fost tributară aşteptărilor istoricului care a conceput-o cu privire la trecutul glorios al neamului. În această lume în care abundenţa interpretărilor şochează, în această lume a ficţiunilor cu iz savant, care ignoră deliberat unele surse, unde aceeaşi informaţie văzută cu alţi ochi primeşte mereu altă descifrare – toate teoriile devin plauzibile. Etimologii şi ritualuri neînţelese pe deplin sunt folosite ca argument pentru construirea de nesfârşite teorii care să valideze idei şi doctrine proprii. Diversitatea teoriilor va continua, ele vor coexista, interesele erudiţilor şi ideile preconcepute sunt cele care modelează şi remodelează la infinit caracterul religiei tracilor nordici şi figura enigmaticului zeu geto-dac, Zalmoxis.

Alături de cartea lui Dan Dana, o altă lucrare care m-a impresionat prin abundența de informații este volum 1 din *Izvoare privind istoria României* (*Fontes ad historiam dacoromane pertinentes*), volum întocmit de **Vladimir Iliescu, Radu Hîncu și Virgil Popescu**, care adună între copertele sale o multitudine de surse (nu toate, dar destule), surse care relatează evenimente din zona carpato-danubiano-pontică, cuprinse între vremea lui Hesiod (sec. VIII a.Chr.) și „itinerarul lui Antoninus" (redactat în timpul lui Diocleţian 284-305 p.Chr.).

Benefic este ca fiecare lucrare despre domeniul care ne pasionează să fie consultată, chiar dacă suntem străini de opiniile autorului, din fiecare carte putem învăţa ceva, un singur cuvânt ne poate stârni curiozitatea, o singură propoziţie ne poate aduce o perspectivă nouă asupra subiectului cercetat. Chiar și cele două lucrări mai sus menţionate (a lui D. Dana și *Izvoare*) sunt departe de a fi lipsite de controversă, de exemplu în prima se afirmă că sacrificiul sângeros practicat de geţi avea loc o dată la patru ani și că numele zeului era Salmoxis, iar în cea de-a doua, scrie negru pe alb, direct din limba greacă, direct din cartea a IV-a lui Herodot, că sacrificiul se petrecea o dată la cinci ani în cinstea lui Zalmoxis.

Multitudinea tezelor despre Zalmoxis nu provin din denaturarea voită adevărului, deoarece, pentru a denatura adevărul trebuie mai întâi să-l cunoști. Cei care se ocupă cu religia geto-dacilor, pot, cel mult, să se apropie de adevăr, deoarece pe cât de stufoasă este bibliografia modernă legată de Zalmoxis, pe atât de incomplete sunt relatările anticilor. La rândul lor, formatorii de opinii despre Zalmoxis, porniţi în căutarea originilor, sunt plini de prejudecăţi, gândire în exces, mitizări, naivităţi și opinii duse la extrem; înarmaţi cu mai multă imaginaţie decât cu dovezi, au făcut religia geto-dacilor să oscileze între un cult barbar, caracterizat de orgii și sacrificii sângeroase, și o lume idealizată, plină cu asceţi hiperboreeni, lacto-vegetarieni cumpătaţi, puri și înţelepţi. Aşa am ajuns de la origini exclusiv romane – la puritate dacică, de la războinici călugări – la beţivani și poligami. Ne confruntăm și ne vom mai confrunta cu extreme, cu povești din seria paradoxurilor născute din lipsa surselor autohtone, cu interpretări scoase din context, analizate „după ureche" sau „luate la puricat" ad-litteram.

Au trecut peste noi vitregiile lumii, iar alţii, de departe, ne-au lăsat scris pe piatră şi papirus o istorie pe care acum o comentăm şi o rescriem cu fiecare generaţie, la care mai adăugăm şi din care mai ştergem lucruri ce sunt sau nu sunt la modă, care sunt sau nu sunt acceptate de ideologia ce domină frântura noastră de secol.

Ca un Dumnezeu creator, autorul modelează, nu din lut, ci din cuvinte, chipul lui Zalmoxis: când om, când zeu, când daimon când şarlatan, când politeist, când henoteist, dualist, monoteist.

Contaminat de diverse curente de opinie, cu fiecare interpretare cultul se schimbă, dar Zalmoxis rămâne, el dăinuie de-a lungul timpului, cutreieră veacurile scurgându-se prin peniţele scriitorilor în eternitate. Cerneala, substanţa care oferă nemurire, la purtat din polisurile Greciei antice, din Roma, din Upsala, până la Haşdeu, Dimitrie Bolintineanu, Eminescu, Blaga, până la legionarii lui Corneliu Zelea Codreanu. Comunişti, ortodocşi, dacomani, tracomani, naţionalişti – cu toţii şi l-au însuşit ca erou şi îi poartă numele ca pe un stindard al biruinţei prin veacuri. Dacă istoria nu-l vrea sau dacă îl tratează în anumite perioade cu lipsă de interes, atunci, numele lui Zalmoxis abundă într-o viziune idealizată în literatură, poezie, curând şi în cinematografie.

Modele de urmat ale naţiunilor moderne aflate în căutarea identităţii şi a scopului, misterioşii viteji, ei, strămoşii, reprezintă virtuţile pierdute atunci când industrializarea ne-a înstrăinat faţă de natură. Orice am citi şi orice am crede, să nu uităm să ne întoarcem la origini, la surse, la izvoare: evreii l-au avut pe **Moise**, persanii pe **Zoroastru**, iar geţii l-au avut pe **Zalmoxis**. Celor mai viteji şi mai drepţi dintre traci li-sa promis nemurirea, şi, după cum se vede, Zalmoxis s-a ţinut de cuvânt.

Acesta este un studiu consacrat surselor primare şi modului în care ele au fost percepute de autorii moderni.

Un studiu menit să trateze fiecare ipoteză cu spirit critic, fără a diminua sau exacerba o teorie în detrimentul alteia.

Pentru moment, călătoria noastră prin apele tulburi ale religiei geto-dacilor a ajuns la final, dar dacă viitorul ne va releva noi știri, atunci ne vom îmbarca într-o nouă călătorie fabuloasă, să vedem pe ce meleaguri va mai poposi și ce chipuri va mai purta zeul Zalmoxis.

BIBLIOGRAFIE

<u>Tratate, monografii şi lucrări generale</u>

BERCIU, Dumitru, *De la Burebista la Decebal*, Editura „Politică", Bucureşti, 1980.

BERCIU, Dumitru, ***Arta traco-getică,*** Editura „Academiei Republicii Socialiste România", Bucureşti, 1969.

CARPENTER, Rhys, *Folk Tale, Fiction and Saga in the Homeric Epics*, University of California Press, Berkely & Los Angeles, 1946.

CRIŞAN, Horaţiu, Ion, *Spiritualitatea geto-dacilor*, Editura „Albatros", Bucureşti, 1986.

CRIŞAN, Horaţiu, Ion, ***Origini***, Editura „Albatros", Bucureşti, 1977.

DAICOVICIU, Hadrian, *Dacia de la Burebista la cucerirea romană*, Editura „Dacia", Cluj, 1972.

DAICOVICIU, Hadrian, ***Dacii***, Editura „Hyperion", Chişinău, 1991.

DANA, Dan, *Zalmoxis de la Herodot la Mircea Eliade*, Editura „Polirom", Bucureşti, 2008.

DENSUŞIANU Nicolae, *Dacia preistorică*, Bucureşti, Editura Arhetip, 2002.

DIOGENES LAERTIOS, *Despre vieţile şi doctrinele filozofilor*, Editura Minerva, Bucureşti, 1997.

ELIADE, Mircea, *De la Zalmoxis la Genghis-Han*, Editura „Humanitas", Bucureşti, 1995.

ELIADE, *Mircea,* ***Istoria credinţelor şi ideilor religioase***, vol. I (1976), „Univers Enciclopedic", Bucureşti, 2000.

ELIADE, Mircea, ***Nostalgia originilor***, Editura Humanitas, Bucureşti, 1994.

FLORESCU, Radu, *Arta dacilor*, Editura „Meridiane", Bucureşti, 1968.

GRAMATOPOL, Mihai, ***Studia III*,** Editura „Transilvania Expres, Braşov, 2008.

HERODOTUS (traducător Wiliam Beloe), ***Vol. III***, Leigh and S. Southeby, London, 1806.

HIPPOLYTUS, ***Philosophumena***, *Vol. 1,* London Society for promoting Christian knowledge, London, Great Britain, 1921.

IAMBLICHUS, ***The life of Pythagoras***, Theosophical Publishing House, Krotona-Hollywood-California, 1918.

ILIESCU, Vladimir; HÎNCU, Radu; POPESCU, Virgil, *Izvoare privind istoria României*, vol.I, Editura „Academiei Republicii Populare România", 1964.

MACREA Mihail, *Viaţa în Dacia romană*, Editura Ştiinţifică, Bucureşti, 1969.

MARAZOV, Ivan, *The Rogozen Tresure*, „SVYAT Publishers", Sofia, 1989.

MIHĂESCU, Haralambie; ŞTEFAN, Gheorghe; HÎNCU, Radu; ILIESCU, Vladimir; POPESCU, Virgil, *Izvoare privind istoria României*, vol. II, Editura „Academiei Republicii Populare România", 1970.

NOUR, Andrei, *Cultul lui Zalmoxis. Credinţe, rituri şi superstiţii geto-dace*, Editura „Antet XX Press", Filipeştii de Târg, Prahova, 2010.

OLTEAN, Dan, *Religia dacilor*, Editura „Saeculum I.O", Bucureşti, 2003.

OPPERMANN, Manfred, *Tracii. Între Arcul Carpatic şi Marea Egee,* Editura „Militară", Bucureşti, 1988.

PALIGA, Sorin, *Mitologia tracilor*, Editura „Meteor Press", Bucureşti, 2008.

PÂRVAN, Vasile, *Getica. O protoistorie a Daciei*, „Cultura Naţională", Bucureşti, 1926.

PÂRVAN, Vasile, **Dacia. Civilizaţiile străvechi din regiunile carpato-danubiene**, volum publicat de Asociaţia Academică „Vasile Pârvan", 1937.

PETRE, Zoe, *Practica nemuririi*, „Polirom", 2004.

PETRESCU-DÂMBOVIŢA, Mircea; VULPE, Alexandru (coordonatori), *Istoria Românilor*, Vol. 1, Editura Enciclopedică, Bucureşti, 2010.

PROTASE, Dumitru; SUCEVEANU, Alexandru (coordonatori), *Istoria Românilor*, Vol. 2, Editura Enciclopedică, Bucureşti, 2010.

PHILOSTRATUS, *The life of Appolonius of Tyana*, Harvard University Press, London, 1960.

POPA-LISSEANU, G, *Dacia în autorii clasici*, Editura Vestala, Bucureşti, 2015.

RUSSU, Iosif, Ion, *Religia geto-dacilor*, Editura „Dacica", Bucureşti, 2009.

SÎRBU, Valeriu; FLOREA, Gelu, *Imaginar şi imagine în Dacia preromană*, Editura „Istros", Brăila, 1997.

TOCILESCU, Grigore, *Dacia înainte de romani*, **Bucureşti**, Tipografia Academiei Române,1880.

VULCĂNESCU, Romulus, *Mitologie română*, Editura „Academiei Republicii Populare România", 1987.

XENOPOL, A.D., *Istoria românilor din Dacia Traiană*, Editura ştiinţifică şi enciclopedică, Bucureşti, 1985.

Articole şi studii de specialitate

COMAN, Ioan, *Zalmoxis*, în „Gîndirea", Anul XX, nr.1, ianuarie 1941, pp. 24-27.

DANA, Dan, *Mars Geticus. Realitate istorică sau literară?*, în „Ephemeris Napocensis", 11, 2001, pp. 15-39.

FLOREA, Gelu; SUCIU, Liliana, *Observaţii cu privire la scutul de la Piatra Roşie*, în **„Ephemeris Napocensis"**, V, 1995, pp. 47-63.

GLODARIU, Ioan; MOGA, Vasile, *Tezaurul dacic de la Lupu,* în **„Ephemeris Napocensis"**, IV, 1994.

NANIA, Ion, *Au fost dacii politeişti?*, în „Noi Tracii", Anul III, nr. 39, 1977, pp. 2-3.

NEMETI, Sorin, *Zei cavaleri în spaţiul nord-balcanic (sec. V a.Ch. - I p.Ch.),* în **„Ephemeris Napocensis"**, IX-X, 1999-2000, pp. 107-129.

9 798201 717056